Claudia Panetta-Möller

Glücksorte in Kassel

Fahr hin und werd glücklich

Droste Verlag

Dieses Buch gehört

Liebe Glücksuchende,

für mich ist Kassel ein echter Glücksort – liebens- und lebenswert! Vielleicht verliebt man sich in diese Stadt nicht auf den ersten, doch sicherlich auf den zweiten Blick. Kassel ist die einzige Großstadt Nordhessens, attraktiv, vielfältig, mit einem hohen Naherholungswert. Und doch ist Kassel eine Stadt voller Widersprüche.
Die ausgewählten Glücksorte sind eine kleine subjektive Auswahl dessen, was Sie dort erwartet. Kassel und Nordhessen haben so viel zu bieten, dass ich auf der Suche nach meinen Glücksorten des Öfteren die Stadtgrenzen hinter mir gelassen habe.
Ich wünsche mir, dass Sie an diesem Buch Freude haben und Ihr ganz persönliches Glück, Ihren ganz individuellen Glücksort finden. Es gibt viel zu entdecken! Nehmen Sie sich die Zeit, bei einem Spaziergang durch Kassel so manches Erstaunliche, Kuriose und Unbekannte zu entdecken. Also, ab nach Kassel! Ich verspreche Ihnen, Sie werden überrascht und glücklich sein, was meine Stadt zu bieten hat.

Ihre Claudia Panetta-Möller

Deine Glücksorte …

… noch mehr Glück für dich

Das Erbe der Landgrafen

1 *Beleuchtete Wasserspiele im Bergpark Wilhelmshöhe*

Früher noch ein elitäres Spektakel, locken die Wasserspiele heute Tausende Besucher in den größten Bergpark Europas, die Wilhelmshöhe. Landgraf Karl von Hessen-Kassel ließ ab 1700 barocke Wasserlandschaften in seinem Park anlegen, die im folgenden Jahrhundert um diverse Stationen ergänzt wurden. Seit 2013 tragen die Wasserspiele den Titel UNESCO-Welterbe. Ein besonderes Highlight, wenn sie beleuchtet sind: Am ersten Juni- und Septemberwochenende werden nach Einbruch der Dunkelheit Kaskaden, Teufelsbrücke, das Aquädukt und die große Fontäne in bunten Farben angestrahlt. Einige der Schaulustigen positionieren sich schon früh an ihren Lieblingsstationen. Hier stehen Touristen neben Einheimischen, die sich oft nur dadurch voneinander unterscheiden lassen, dass die Kasseler Picknickkörbe, die Gäste vor allem Fotoapparate griffbereit halten. Nun machen sich auch die Besucher bereit, die das Wasser bei einem romantischen Spaziergang vom Herkules, dem Wahrzeichen Kassels, bis zum Fontänenteich begleiten wollen. Der helle Schein ihrer Taschenlampen ist weithin sichtbar, die Besucher bewegen sich wie kleine Glühwürmchen langsam durch den weitläufigen Park. Es ist erstaunlich ruhig, die Vorfreude und Spannung auf das, was kommt, ist deutlich zu spüren. Geraume Zeit, bevor das Wasser zu sehen ist, kann man es bereits plätschern hören, denn es fließt erst über vierzehn Torbögen und stürzt schließlich am Aquädukt 38 Meter in die Tiefe. Das Bauwerk lenkt einen der höchsten Wasserfälle Europas und wurde als Kopie der römischen Wasserleitung Via Appia Ende des 18. Jahrhunderts errichtet. Der obere Teil des Aquädukts ist einer der besten Plätze, um die farbenfrohe Vorstellung zu bewundern. Wer jedoch weitergeht und sich unterhalb positioniert, kann die Kraft des Wassers tatsächlich sehen und spüren. Mit dem Fallen des Wassers entlädt sich die neugierige Spannung. Applaus ist ebenso zu hören wie Ausrufe des Erstaunens und der Begeisterung. Was die Besucher hier im Bergpark erleben dürfen, ist Wasserkunst in Perfektion – ein Schauspiel, das man weder bei Tag noch bei Nacht verpassen sollte.

TIPP An Festes Schuhwerk und eine Taschenlampe denken, da der Park selbst nicht beleuchtet ist.

Bergpark Wilhelmshöhe, Schlosspark, 34131 Kassel, Tel. (0 56 1) 31 68 01 23
www.museum-kassel.de

ÖPNV: Straßenbahn 1, Endstation Wilhelmshöhe/Park, Fußweg ca. 10 Min. (leicht bergauf)

Es war einmal …

2 *Märchenviertel – Heimat der Märchenfrau*

Es gibt sie noch, die kleinen versteckten Orte, die von der Schönheit der alten Fachwerkstadt Kassel zeugen. So auch im Märchenviertel in Niederzwehren. Bei einer Fahrt auf der Frankfurter Straße in Richtung Süden sieht man schon von Weitem die Matthäuskirche, die über dem Viertel thront. Und man muss sich verwundert die Augen reiben: Nur wenige Schritte von der belebten Hauptstraße entfernt liegt der Märchenplatz, der uns inmitten einer hübschen Dorfidylle in eine andere Welt eintauchen lässt. Ein Grabstein und eine Büste auf dem Märchenplatz erinnern an die berühmte Märchenerzählerin des Viertels, Dorothea Viehmann, die hier lebte. Insgesamt 36 Märchen erzählte sie den Brüdern Grimm. Von ihr stammt der berühmte Anfang „Es war einmal …“. Die drei kleinen Worte, die eng mit Märchen verbunden sind, lassen sich auf dem Portal wiederfinden, durch das der Märchenplatz betreten wird. Erinnerungen an Frau Holle werden wach und die Hoffnung, dass Gold aus dem Portal regnet, wenn man sich darunter stellt. In den Boden eingelassen sind in goldenen Buchstaben Titel wie „Schneewittchen“, „Fundevogel“ oder „Aschenputtel“ zu lesen, und man fühlt sich sofort in eine andere Zeit zurückversetzt. Herrlich nostalgisch!
Das Märchenviertel ist ein Ort der Besinnung, ein Ort, um innezuhalten, runterzukommen. Fern der Hektik des Alltages lädt dieses wundervolle Viertel zum Verweilen und Spazieren ein. Kaum ein Haus, das nicht liebevoll restauriert wurde und dank der Infotafeln seine eigene Geschichte erzählt. Der Spaziergang führt am ehemaligen Wohnhaus von Dorothea Viehmann vorbei, dem kleinsten Haus des Viertels, und der verträumten Mühle. Das Wasserrad steht heute still, doch der Grunnelbach fließt noch immer daran vorbei, genau wie an dem Kunstwerk, das die Handschriftenexemplare der Märchenbücher der Brüder Grimm darstellt. Diese tragen seit 2005 den Titel Weltdokumentenerbe und sind in der GRIMMWELT zu sehen. Ein Spaziergang wie ein Ausflug in die Kindheit!

Märchenviertel, 34134 Kassel-Niederzwehren

ÖPNV: Straßenbahn 5, 6, Bus 17, 50, Haltestelle Dennhäuser Straße/Märchenviertel, Bus 17, Haltestelle Dorothea-Viehmann-Schule

HIER WOHNTE 1787-1798
DIE „MAERCHENFRAU"
DER BRUDER GRIMM
DOROTHEA VIEHMANN
GEB. PIERSON + 1815

Stadtgeschichte zum Anfassen

3 *Bronzemodell auf dem Friedrichsplatz*

Die Zeit heilt alle Wunden? Nein, nicht alle, denn es gibt Ereignisse, die selbst nach Jahrzehnten noch wehtun. Die Zerstörung Kassels am Abend des 22. Oktober 1943 ist ein solches Ereignis. Die alte Stadt Kassel wurde in nur einer Stunde zerstört, die wundervolle Fachwerkstadt ausgelöscht. Auf Initiative des Vereins der Gäste- und Museumsführer in Kassel und Region e. V. sowie der Freunde des Stadtmuseums ist anlässlich des 75. Jahrestages der Zerstörung ein Bronzemodell der Stadt auf dem Friedrichsplatz aufgestellt worden. Am Bronzemodell stehend schaut man über den weitläufigen Friedrichsplatz sowie das Museum Fridericianum und blickt auf die Stelle, an der sich früher die Altstadt befand. Hier am Bronzemodell kommt man ins Gespräch. Da steht ein alter Mann, der Schulkindern, die mit ihrer Lehrerin und einer Stadtführerin das Modell bestaunen, erzählt, wie er die Bombennacht erlebte. Er berichtet von dem Leid und dem großen Glück, seine Familie wohlbehalten wiedergefunden zu haben. Die kleine Emma legt instinktiv ihre Hand auf den Arm des alten Mannes. „Wo hast du gewohnt?", fragt Erik, und der alte Mann zeigt auf dem Modell auf einige Häuser in der Altstadt. „Hier," sagt er, „in einem dieser Häuser. Welches, kann ich nicht erkennen, schaut mal, wie eng es dort war." Die Kinder nicken und betrachten wieder das Modell. „Ist das das Stadtschloss?", fragt Anna und zeigt auf ein großes Gebäude. Die Stadtführerin verneint und erläutert, dass das Bronzemodell die Stadt Kassel vor 1943 zeigt und dass zu diesem Zeitpunkt das Schloss schon nicht mehr existierte. Anna hat aber insofern recht, als dass das Schloss tatsächlich dort stand, bis es 1810 in der Regierungszeit von Jérôme Bonaparte wegen einer defekten Heizung abgebrannt ist. Mit ihren Fingern ertasten die Kinder Plätze, Gebäude und Denkmäler. Sie rufen alle durcheinander, wenn sie glauben, etwas erkannt zu haben. Die Begeisterung der Kinder ist ansteckend, und schnell wird klar, dass bei diesem Ausflug in die Geschichte die Zeit wie im Flug vergeht. Ein Besuch auf dem Friedrichsplatz lohnt sich allemal, um die Vergangenheit wieder lebendig werden zu lassen, zu erinnern und nicht zu vergessen.

Bronzemodell auf dem Friedrichsplatz (rechte Seite), 34119 Kassel
ÖPNV: Straßenbahn 1, 3, 4, 5, 6, 8, RT 1, 4, Haltestelle Friedrichsplatz

Im Reich der Ritter

4 *Laubengang und Fernblick an der Löwenburg*

Eine echte englische Ritterburg in Kassel? Wenn man die Löwenburg im Bergpark Wilhelmshöhe erblickt, fühlt man sich in eine andere Zeit zurückversetzt. An einigen Stellen scheinbar eingefallen, von Moos überzogene Steine, das gesamte Ensemble strahlt eine fast unwirkliche Romantik aus. Doch die Burg ist ein Nachbau und wurde erst Ende des 18. Jahrhunderts errichtet. Stilecht lädt sie die Besucher ein, sich ihr mit freudigen Erwartungen zu nähern. Direkt neben der Burg befindet sich der verträumte Flaniergarten. Buchenhecken säumen die Wege und erinnern an einen Irrgarten, doch die Hecken sind niedriger. Hier darf man flanieren und es sich gut gehen lassen! Kinder spielen Verstecken und toben durch den kleinen Garten, eine Mutter sitzt entspannt neben einem Wasserbecken. Es ist ein Vergnügen durch diesen ruhigen Garten zu bummeln.

Vielleicht sind es gerade die Orte, die man zufällig findet, die den größten Zauber ausüben. Einen solchen Ort findet der Besucher in unmittelbarer Nähe der Löwenburg, denn im hinteren Teil des Gartens betritt man plötzlich und unerwartet einen Laubengang, den man sich schöner kaum vorstellen kann. Ein wunderschönes Plätzchen, doch wer weitergeht, steht ebenso überraschend auf einer kleinen Lichtung, einem romantischen Fenster, und sicherlich einem der schönsten Aussichtspunkte des Bergparks. Genau hier sollte man verweilen und den Blick schweifen lassen! Denn hier erblickt man unten die romantische Wolfsschlucht, dahinter auf der anderen Seite das prachtvolle Schloss Wilhelmshöhe als Kontrast zur mittelalterlichen Löwenburg sowie die im Tal gelegene Stadt Kassel. Es ist ein magisches Fleckchen Erde, das zum Innehalten einlädt. Etwas verborgen steht hinter Hecken in einer Nische eine Bank, die vor neugierigen Blicken schützt. An diesem intimen Ort kann man perfekt abschalten, runterkommen, die Seele baumeln lassen und den eigenen Gedanken nachhängen.

Löwenburg im Bergpark Wilhelmshöhe, Schlosspark, 34131 Kassel, Tel. (0 56 1) 31 68 01 23
www.museum-kassel.de

ÖPNV: Straßenbahn 1, Endstation Wilhelmshöhe/Park, Fußweg ca. 25 Min. (bergauf), Straßenbahn 4, Haltestelle Waldorfschule, Fußweg ca. 15 Min.

Picknick mit Chopin

5 *Open-Air-Konzert in der Kasseler Karlsaue*

Wenn die Kasseler Tageszeitung HNA und das Orchester des Staatstheaters zum klassischen Open-Air-Konzert in der Karlsaue einladen, ist das mit Sicherheit eines der Sommer-Highlights. Beim ersten Konzert 2008 kamen bereits 15.000 Besucher in die Parkanlage. Mittlerweile sind es immer zwischen 30.000 und 40.000 Menschen, die dieses fantastische Ereignis miterleben möchten. Das Besondere: Es ist kostenlos! Jeder kann bei wundervollen Klängen die einzigartige Atmosphäre des Barockpark Karlsaue genießen und einen Tag im Grünen verbringen. Dabei ist es kein klassisches Konzert, wie man es erwarten würde, denn die meisten Besucher machen es sich auf Picknickdecken gemütlich. Andere sind schon am frühen Nachmittag auf dem Weg, bringen Tische, Stühle oder andere Sitzgelegenheiten mit und decken sich mit feinsten Speisen ein. Auf dem großen grünen Rasen verbringen sie vor der Aufführung einige gesellige Stunden miteinander und sichern sich somit einen Platz in der ersten Reihe. Wenn dann um 20 Uhr endlich das Konzert beginnt, hat jeder Besucher auf der weitläufigen Wiese seinen Lieblingsplatz gefunden, und selbst wer ganz hinten sitzt, kann die Musik wunderbar genießen.

Passend zum Hummelflug kugeln sich einige Kinder lustig über die Wiese, während die Eltern bei einem Gläschen Wein den klassischen Tönen lauschen und das Jüngste friedlich im Arm der Mutter schläft. Und so treffen sich die verschiedensten Generationen, Kasseler genau wie Touristen, friedlich vereint, um bei diesem Konzert dabei zu sein. Der krönende Abschluss des Abends: ein spektakuläres Feuerwerk, das den Himmel über der Orangerie in den buntesten Farben leuchten lässt. Die Besucher sind sich einig, dass es im Sommer kaum eine bessere Gelegenheit gibt, um Freunde zu treffen, klassische Musik zu hören und es sich gut gehen zu lassen. An diesem Abend im August werden alle Besucher zu Klassik-Fans.

Karlsaue/Orangerie, Auedamm 20b, 34121 Kassel

ÖPNV: Straßenbahn 1, 3, 4, 5, 6, 8, RT 1, 4, Haltestelle Friedrichsplatz, Bus 16, Haltestelle Orangerie

Zu Füßen des Halbgotts

6 *Herkulesstatue im Bergpark Wilhelmshöhe*

Fakt ist: Wer nicht an oder auf dem Herkules war, hat Kassel nicht gesehen! Und wer den Aufstieg mit 300 Stufen auf das 70 Meter hohe Bauwerk wagt, wird mit einem grandiosen Blick in alle Himmelsrichtungen belohnt. Als Denkmal für die Ewigkeit vom Italiener Giovanni Francesco Guerniero im Auftrag von Landgraf Karl von Hessen-Kassel ab 1700 errichtet, thront der Herkules seit über 300 Jahren hier im Bergpark Wilhelmshöhe auf dem Karlsberg, einem der höchsten Punkte der Stadt und Anziehungspunkt für alle Kasselbesucher. Das Bauwerk, das bereits von Weitem sichtbar ist, besteht aus einem Oktogon, einer Pyramide, einem Sockel und der kupfernen Figur des Halbgottes Herkules. Dabei fasziniert vor allem die filigran gearbeitete und detailverliebte Statue. Sie wurde mithilfe von drei bis fünf Millimeter starken Kupferplatten, die auf einem Metallgerüst fixiert wurden, gefertigt. Der Kasseler Herkules stützt sich geradezu lässig mit der linken Hand auf eine Keule, über der das Fell des Nemeischen Löwen hängt. Die rechte Hand hält Herkules hinter dem Rücken und umschließt in ihr drei goldene Äpfel der Hesperiden.

Die meisten Besucher gehen durch das Oktogon hinauf auf die große Plattform, die einen Rundblick auf den Park, den Habichtswald und Kassel sowie die umliegenden Ortschaften, Wälder und Erhebungen bietet. Wer noch weiter hinauf möchte, der kann über eine Wendeltreppe bis zum Sockel – also zu den Füßen des Herkules – aufsteigen. Die Pyramide ist mit Fenstern umschlossen, sodass auch ein Besuch an windigen Tagen – am und auf dem Herkules ist es immer etwas kälter als im übrigen Stadtgebiet – zum Genuss wird. Die Besucherzahl innerhalb der Pyramide wird festgelegt, da man die schmale Wendeltreppe lieber alleine betreten sollte. Doch gern nimmt man eine kurze Wartezeit in Kauf, denn der Aufstieg lohnt sich jederzeit: Der Blick ist atemberaubend!

Herkules Kassel, Schlosspark, 34131 Kassel, Tel. (0 56 1) 31 68 01 23
www.museum-kassel.de

ÖPNV: Bus 22, Endstation Herkules, an Wasserspieltagen, Mi., So., an Feiertagen: Shuttlebus 23, verkehrt zwischen Parkplatz Ochsenallee und Herkules

Köstliches à la française

7 *Bon Pâtis in der Landgraf-Karl-Straße*

Petits Fours mit Ananas, Himbeere, Birne, Schokolade, Apfel, Zitronencreme, Mousse au Chocolat oder eine große Tarte mit Frangipane und saisonalen Früchten – jedes der kleinen Törtchen sieht nicht nur lecker aus, es schmeckt auch so. Im Bon Pâtis ist die Auswahl an diesen kunstvoll arrangierten Köstlichkeiten groß, und sie sind außerdem handwerklich perfekt zubereitet. Lea Menneking und Silvia Kästner sind Konditorinnen von Beruf und haben ihr Handwerk von der Pike auf gelernt. Als sie sich durch Zufall bei einer Feier kennenlernten, war schnell klar, dass sie zusammen ihren Traum erfüllen wollten. Der Name für das gemeinsame Geschäft war schnell gefunden. Es sollte gut, also „bon", sein und die französische Pâtisserie, also „Pâtis", erwähnt werden, daher „Bon Pâtis". Seit 2018 gibt es nun den hübschen Laden mit den köstlichen Petits Fours, Tartes und dem leckeren Angebot an Gebäck und Schokolade in der Landgraf-Karl-Straße in unmittelbarer Nähe des ICE-Bahnhofs. Hier ist noch echte Handarbeit angesagt, bei der ausschließlich qualitativ hochwertige Produkte verwendet werden. Das hat sich herumgesprochen und so werden die Petits Fours gerne als außergewöhnliches Gastgeschenk gekauft oder um die sonntägliche Kaffeetafel mit leckeren Amuse-Gueules zu bereichern.

Allein die Petits Fours anzuschauen lässt das Wasser im Mund zusammenlaufen. Die wenigen Tische in und vor dem Bon Pâtis sind schnell besetzt. Bei einer duftenden Tasse Kaffee, Tee oder Kakao lassen sich die Gäste die himmlischen Törtchen schmecken. Frank und Andrea sind Stammkunden und bestellen die Petits Fours für ihre Hochzeitstafel. Für jeden Gast rechnen sie mit drei bis vier Stück, und so können die verschiedenen Geschmacksrichtungen wunderbar kombiniert werden. Frank hätte gern auch noch eine Zitronentarte, doch da es auch ein Petit Four mit Zitronencreme und Baiser geben wird, verzichtet er. Er kauft seine Lieblingstarte trotzdem für das Wochenende, um mit Andrea in aller Ruhe die einzelnen Zutaten der dreistöckigen Hochzeitstorte auszusuchen, die dann auch direkt hier in Auftrag gegeben werden soll.

Bon Pâtis, Landgraf-Karl-Straße 3, 34131 Kassel, Tel. (0 56 1) 49 94 00 40
www.bonpatis.de

ÖPNV: Straßenbahn 1, 3, 4, 7, Bus 51, 53, 100, 110, 500, RE 2, 9, 11, 17, RB 4, Haltestelle Bahnhof Wilhelmshöhe

Paradies für Blumenliebhaber

8 *Blumeninsel Siebenbergen*

Sie ist eine kleine, fast unscheinbare Insel am südlichen Ende des Staatsparks Karlsaue. Aus dem einst siebten Hügel des Parks wurde dank des ehemaligen Hofgartendirektors Wilhelm Henze im 19. Jahrhundert ein zauberhafter Ort mit einem schier unglaublichen Reichtum an Blumen, Sträuchern und Bäumen aus vieler Herren Länder – die Blumeninsel Siebenbergen. Über eine Brücke aus den 1950er-Jahren betritt man heute dieses Kleinod, früher konnte man die Insel nur mit einem Floß erreichen. Die Insel ist mit 2,5 Hektar und einem Höhenunterschied von 15 Metern nicht groß, und doch erstaunt die Artenvielfalt auf engstem Raum. Der Schöpfer Wilhelm Henze hat geschickt Pflanzen verschiedenster Herkunft kombiniert und in harmonischen Gruppen zusammengefügt. Entstanden ist ein kleines Paradies, das die Hektik des Alltags vergessen lässt, eine Insel der Schönheit und Ruhe, die zum Verweilen und Flanieren einlädt. Nur manchmal hört man die Rufe der Pfauen, die auf der Insel zu Hause sind, über die Blumenlandschaft hallen. Die Pfauen wissen nur zu gut, wie sie die Aufmerksamkeit der Besucher auf sich ziehen können, und präsentieren gern kokett ihr buntes Federkleid.

TIPP Das Inselcafé ist eine tolle Gelegenheit, um den Besuch der Blumeninsel ausklingen zu lassen.

Die Blumeninsel ist vom 1. April bis zum 31. Oktober geöffnet, wobei sich ein Besuch zu jeder Jahreszeit lohnt, denn aufgrund der Fülle an Pflanzen zeigt sich die Insel alle paar Wochen in anderen Farben und natürlich auch mit anderen Pflanzen. Nach einem arbeitsreichen und stressigen Tag ist eine der schönsten Zeiten für einen Besuch kurz vor der offiziellen Schließung: Wenn die meisten Besucher schon auf dem Heimweg sind, kommen die Tiere aus ihren Verstecken, um die Futterstellen aufzusuchen. Es wird wunderbar still und entspannend auf der abendlichen Insel. Um diese Zeit empfiehlt sich ein Spaziergang zum Hochplateau, um dort auf einer der Bänke mit Blick auf die Orangerie den Sonnenuntergang mitzuerleben – ein geradezu magischer Glücksmoment und daher unbedingt zu empfehlen!

Blumeninsel Siebenbergen in der Karlsaue, Auedamm 58, 34121 Kassel, Tel. (0 56 1) 31 68 01 23
www.museum-kassel.de

ÖPNV: Bus 16, Haltestelle Siebenbergen, Bus 12, Haltestelle Damaschkebrücke

Rokoko in schönster Form

9 *Schloss Wilhelmsthal in Calden*

Mehr Sein als Schein – wenn das auf einen Ort zutrifft, dann auf Schloss Wilhelmsthal! Das Schloss wirkt von Weitem unauffällig, wenn man sich von der Straße nähert, doch hinter dieser Fassade verbirgt sich eines der schönsten Rokokoschlösser Deutschlands. Beim Betreten der ersten Räume reiben sich viele Besucher bereits verwundert die Augen, andere verlieben sich auf den ersten Blick! Alle vier Wohnungen des Schlosses zeugen von erlesenem künstlerischem Geschmack, die reichen Dekorationen und die Fülle schöner Motive verleihen jedem Raum einen ganz eigenen Charme. Es ist ein Vergnügen, durch die wundervollen Säle und Kabinette zu schreiten, und schnell wird klar: Wilhelmsthal ist ein Geheimtipp! Kein Wunder also, dass schon so mancher Film dieses wunderschöne Schloss und den dazugehörigen Park als Kulisse genutzt hat. Die einzigartige Raumdekoration ließ Bauherr und Kunstliebhaber Landgraf Wilhelm VIII. vor allem von dem Bildhauer Johann August Nahl dem Älteren, dem Stuckateur Johann Michael Brühl sowie dem Hofmaler Johann Heinrich Tischbein dem Älteren realisieren. Den Entwurf für den Park und das Schloss lieferte niemand anderes als der berühmte Münchener Hofarchitekt François de Cuvilliés.

Anfang des 18. Jahrhunderts als Jagd- und Sommerschloss konzipiert, präsentiert sich Wilhelmsthal seit dieser Zeit fast unverändert. Das Schloss wurde in den 1970er-Jahren aufwendig restauriert und erstrahlt seitdem in altem Glanz. Noch heute liegt das malerische Schloss nur wenige Autominuten von Schloss Wilhelmshöhe entfernt, harmonisch eingebettet inmitten von Wiesen und Wäldern. Eine mannshohe Mauer umgibt das Anwesen. Trotz aller Pracht ziehen seit jeher die Touristenströme an Wilhelmsthal vorbei. Schloss Wilhelmshöhe ist ungleich berühmter! Doch aufgrund dieser Tatsache ist Wilhelmsthal nach wie vor ein Refugium, eine wahre Oase der Stille.

Schloss Wilhelmsthal, 34379 Kassel-Calden, Tel. (0 56 1) 31 68 01 23
www.museum-kassel.de
ÖPNV: Bus 47, 121, Haltestelle Wilhelmsthal

Mehr als nur Märchen

10 *GRIMMWELT Kassel*

Es ist kaum bekannt, dass Jacob und Wilhelm Grimm über dreißig Jahre in Kassel gelebt und gearbeitet haben. Außerdem war Jacob ein Sprachgenie und kümmerte sich lieber um die deutsche Sprache als um Märchen. Wem das neu ist, der sollte unbedingt die GRIMMWELT besuchen. Seit 2015 ist dieses moderne Ausstellungshaus einer der Publikumsmagnete Kassels. Ein Besuch lohnt sich, vielleicht beim ersten Mal sogar im Rahmen einer Führung, die turnusmäßig an den Wochenenden angeboten wird, damit sich die faszinierende Konzeption des Hauses schneller erschließt und die vielen Facetten erläutert werden. Die GRIMMWELT ist ein Haus für Groß und Klein, deren Präsentation wie ein Glossar aufgebaut ist, durch das Begriffe aus dem Grimm'schen Wörterbuch den Weg weisen, wie zum Beispiel „F wie Froteufel". Es gibt daher auch keinen festen Weg, jeder wählt seinen eigenen und kann so die zahlreichen interaktiven Stationen entdecken, die zum Mitmachen animieren. Was auf den ersten Blick wie eine Waschanlage aussehen mag, entpuppt sich als Dornenhecke, durch die sich jeder Besucher, egal welchen Alters, hindurchkämpfen darf. Und wer schon immer mal in die Rolle von Rotkäppchen oder Schneewittchen schlüpfen wollte – hier in der GRIMMWELT ist das möglich. Unerwartet ist vielleicht das, was sich hinter dem Buchstaben „Ä wie Ärschlein" verbirgt: ein großer Trichter, der von den Besuchern mit Schimpfwörtern „gefüttert" wird. Wer möchte, darf in die Schimpfwortmaschine ein Schimpfwort der heutigen Zeit rufen und erhält im Gegenzug ein freches Schimpfwort aus der Zeit der Grimms. Keinesfalls versäumen sollte man einen Besuch im Kabinett des Buchstabens „B wie Buch", denn hier werden die Handschriftenexemplare der Märchenbücher der Brüder Grimm ausgestellt, die seit dem Jahre 2005 den Titel Weltdokumentenerbe tragen! Zum Abschluss sollte jeder den Grimms aufs Dach steigen, um den tollen Blick über die Stadt zu genießen. Einfach auf einer der Stufen der Dachterrasse niederlassen und die besondere Atmosphäre sowie den Fernblick genießen.

TIPP

In der GRIMMWELT gibt es das Restaurant Falada. Und der Blick durch die großen Panoramafenster ist spektakulär!

GRIMMWELT Kassel, Weinbergstraße 21, 34117 Kassel, Tel. (0 56 1) 5 98 61 90
www.grimmwelt.de

ÖPNV: Straßenbahn 1, 3, 4, 5, 6, 8, RT 1, 4, Haltestelle Rathaus, Fußweg ca. 5 Min.

Herbstzauber

11 *Gartenfestival in der Karlsaue*

Gartenfestivals erfreuen sich seit Jahren in ganz Deutschland großer Beliebtheit. So auch in Kassel. Beim Herbstzauber strömen die Besucher in die Kasseler Karlsaue, um sich an drei Tagen über neue Produkte rund um Haus, Garten und Terrasse zu informieren oder einfach etwas Schönes für das eigene Zuhause zu erwerben. Dabei wird ihnen die Kaufentscheidung nicht leicht gemacht, denn es gibt eine große Auswahl an hochwertigen Artikeln, Stände, die liebevoll und mit viel Fantasie dekoriert wurden, sowie ein vielfältiges Angebot von Händlern aus ganz Europa in einem romantischen Ambiente. Hier ist der Name Herbstzauber Programm. Für viele ist ein Bummel über das herbstliche Parkgelände mit ein paar schönen Urlaubsstunden vergleichbar, fernab von der Hektik des Alltages, denn sobald man den Kassenbereich hinter sich lässt, betritt man eine ganz eigene Welt. Außergewöhnliche Stücke für den Garten, praktische Helfer, schöne Pflanzen, Blumenzwiebeln, Taschen, Kleider, Accessoires, Steinfiguren, Whirlpools, Feuerstellen, Gartenmöbel, Pavillons, aber auch Nippes – beim Herbstzauber ist für jeden Geschmack und Geldbeutel etwas dabei. Apropos Geschmack: Natürlich wird auch für das leibliche Wohl gesorgt, und es werden allerlei Köstlichkeiten zum Verkauf angeboten. Das Festivalgelände beginnt an der Blumeninsel Siebenbergen und zieht sich entlang des großen Bassins. Hier am Wasser finden sich nicht nur hübsche Stände, sondern auch kleine Gastronomiebereiche mit zahlreichen Verköstigungen, an einigen Stellen gibt es sogar Livemusik.
Die Besucher sind begeistert, und so verwundert es kaum, dass viele Tüten und Pflanzen mit sich führen. Wer größere und schwerere Dinge kauft oder nicht tragen möchte, der kann seine Einkäufe ins Depot bringen lassen und dort auf dem Nachhauseweg mit dem Auto vorfahren, um die neuen Errungenschaften in aller Ruhe einzuladen. Doch Vorsicht: Schon so mancher Autobesitzer war bei der Abholung überrascht, dass sich der Wagen beim Beladen deutlich kleiner entpuppte als ursprünglich gedacht!

Herbstzauber Kassel, Auedamm 58, 34121 Kassel
www.gartenfestivals.de
ÖPNV: Bus 16, Haltestelle Siebenbergen

D'r Häring hängt

12 *Zissel: Kassels großes Heimat- und Wasserfest*

Was wäre Kassel ohne den Zissel? Bereits seit 1926 findet das traditionsreiche Heimat- und Wasserfest immer am ersten Wochenende im August statt. Der Name Zissel geht auf den nordhessischen Ausdruck „verzisseln" zurück, was nichts anderes als Geld ausgeben bedeutet, und genau das dürfen die jährlich gut 200.000 Besucher dieses Festes natürlich tun: in ausgelassener Stimmung kräftig feiern! Gelegenheit dazu gibt es mehr als genug, denn entlang der Fulda wird eine große Festmeile mit Fahrgeschäften und diversen Ständen aufgebaut, es gibt sogar ein gemütliches Weindorf. Wer den Zissel jedoch ganz traditionell feiern möchte, der besucht die Vereinshäuser der Wassersportvereine, wo vier Tage kräftig gefeiert wird, denn hier liegt der Ursprung der Festlichkeiten. Präsentiert wird der Zissel vom Zisseldreigestirn: der Zisselkönigin, der Zisselprinzessin und der Fullenixe. Während Zisselkönigin und Zisselprinzessin jedes Jahr von den Kasselern gewählt werden, ist die Fullenixe eine Vertreterin der Wassersportvereine. Im Übrigen ist es auch der Wassersportverein Kassel, der am Donnerstagabend vor der offiziellen Eröffnung eine spektakuläre und unbedingt sehenswerte Wasserski-Show auf die Beine stellt.

Erklärte Höhepunkte des Zissel sind jedoch der große Land- sowie der Wasserfestumzug am Sonntag. Dabei bietet der Straßenfestzug Firmen und Vereinen Gelegenheit sich zu zeigen, während der Wasserfestumzug den Wassersportvereinen vorbehalten ist und jedes Jahr unter einem bestimmten Motto steht. Symbol und Maskottchen des Zissels ist der Zisselhäring (tatsächlich mit einem Ä geschrieben!), obgleich noch nie ein Hering in der Fulda schwamm. Die zirka fünf Meter lange Heringsnachbildung wird am Zisselfreitag um 21.30 Uhr in einem feierlichen Zeremoniell am Rondell an der Fulda aufgehängt und bildet mit der Verkündung „D'r Häring hängt" den Startschuss für die folgenden vier Festtage! Mit dem Abhängen des Zisselhäring endet der Zissel am Montagabend nach einem fulminanten Feuerwerk. Diese Festtage darf man einfach nicht verpassen.

Zissel, Auedamm 58, 34121 Kassel
www.zissel.de
ÖPNV: Straßenbahn 1, 3, 4, 5, 6, 8, RT 1, 4, Haltestelle Friedrichsplatz, Fußweg ca. 5 Min. Während des Zissels ist der Auedamm gesperrt, Bus 16 fährt nicht.

Kassel

Fahrspaß auf zwei Rädern

13 *Mit dem Segway durch Kassel*

„Oh je, das lerne ich nie!" Anna ist mit einigen Freunden unterwegs und steht zum ersten Mal auf einem Segway. Vor ihr, mit einer Hand an der Lenkstange, steht lächelnd Andreas, der Chef vom Eventbüro Kassel, und erklärt ihr, worauf zu achten ist. „Klar lernst du das, in ein paar Minuten hast du es raus, du wirst sehen, es geht ganz schnell", so seine beruhigende Ansage. Anna schaut noch skeptisch. Zugegeben, so ein Segway ist schon etwas unheimlich: Keine Bremse, zwei Räder und sobald man sich bewegt, geht es auch schon los! Doch die Unsicherheit weicht tatsächlich schnell, und so fährt Anna nach einigen wenigen Übungen und hilfreichen Tipps los. Schon fast routiniert dreht sie ihre Runden auf dem Übungsgelände, während Andreas den nächsten Teilnehmer anleitet. Für die Einweisung ist insgesamt eine halbe Stunde vorgesehen. Wenn alle sicher sind, geht es schon los: auf Segways durchs wunderbare Kassel!
Eine Führung zu Fuß, das kann jeder – doch dabei auf dem Segway stehen, ist außergewöhnlich. Faszinierend ist dabei vor allem die Kombination von Fahren und Führung. Ganz vorne fährt ein qualifizierter Gästeführer, der alles Wissenswerte über Kassel vermittelt. Das Schlusslicht bildet Andreas, der darauf achtet, dass keiner zurückbleibt, und auch immer wieder unterstützend eingreift, wenn es Probleme geben sollte. Neben geschichtlichen Details, pikanten und amüsanten Anekdoten gibt es jede Menge Fahrspaß! Die zweistündige Tour führt über Radwege, durch grün leuchtende Parks, über Brücken, weite Promenaden, unter Brücken hindurch, beschauliche Sträßchen hinauf, kleine Hänge hinunter – und wenn der Guide hin und wieder für Erklärungen stehenbleibt, dann nutzen die Teilnehmer gern die Gelegenheit, um abzusteigen und die Füße zu bewegen, die nämlich nach kurzer Zeit gern anfangen zu kribbeln. Dann wird aber wieder aufgestiegen und weitergefahren. Die Zeit vergeht wie im Flug. Anna und ihre Mitstreiter sind begeistert, die Augen leuchten, und am liebsten würden alle weiterfahren. Für sie steht fest: Segwayfahren macht unglaublich Spaß – daher unbedingt ausprobieren. Vor allem verbunden mit einer Stadtführung durch Kassel!

Büro für Eventmarketing, Westfalenstr. 17, 34131 Kassel, Tel. (0 56 1) 50 61 24 70 www.eventbuero.de

ÖPNV: Straßenbahn 1, 3, 4, 5, 6, 8, RT 1, 4, Haltstelle Friedrichsplatz, Fußweg 3 Min.

Einfach hygge!

14 *Det lille Hus in Kirchditmold*

Vor dem kleinen Geschäft im Stadtteil Kirchditmold ist die dänische Fahne gehisst, es ist also geöffnet. „Det lille Hus" bietet skandinavische Wohnaccessoires, Neuwaren, aber auch antike Fundstücke und ist mittlerweile stadtbekannt. Angefangen hat alles 2007 in einer bescheidenen Garage, doch in den letzten Jahren ist das Geschäft immer etwas größer geworden. Nicht zu groß, denn es soll trotz allem noch „hygge", also gemütlich sein, wobei dieses dänische Wort vielmehr ein Lebensgefühl beschreibt und sich gar nicht richtig übersetzen lässt. Doch sobald man „Det lille Hus" betritt, weiß man, was damit gemeint ist: Hier fühlt man sich sofort heimisch! Anja und Marc Bauer haben sich mit diesem gemütlichen Geschäft einen Lebenstraum erfüllt. Altes und Neues wird hier gekonnt kombiniert und von Anja Bauer mit tollen Accessoires dekoriert. Hier sitzt jeder Handgriff, die einzelnen Wohnwelten sind liebevoll arrangiert. Anja hat ihr Hobby zum Beruf gemacht, und das spürt und sieht man überall. An dem schön gedeckten Tisch möchte man sich direkt niederlassen oder entspannt in einem der Sessel vor dem flackernden Kaminfeuer Platz nehmen.

Eine Kundin, die sich nicht entscheiden kann, bekommt eine duftende Tasse Kaffee und setzt sich auf ein gemütliches Sofa. Während sie das warme Getränk genießt, lässt sie weiter den Blick schweifen und kommt schnell mit einer anderen Kundin ins Gespräch, die am liebsten eine ganze Sitzkombination mitnehmen möchte, aber eigentlich wegen einer urigen Bank gekommen war. Schließlich sitzen beiden vor dem Kamin und fachsimpeln über heimelige Dekorationsmöglichkeiten – passenderweise neben dem großen Schild, das erklärt, was das Wort „hygge" alles bedeuten kann. Schließlich entscheiden sich beide für ihre Wunschmöbel und verlassen mit einem Lächeln das Geschäft. Ob Möbel, Geschirr, Stoffe oder regionale Produkte wie Honig und Seife, hier wird der Einkauf zum Erlebnis, und so ist es auch folgerichtig, dass es im „Det lille Hus" keine Öffnungszeiten, sondern nur Erlebniszeiten gibt.

Det lille Hus, Zentgrafenstr. 127, 34130 Kassel, Tel. (0 56 1) 6 02 94 31
www.detlillehus.net
ÖPNV: Straßenbahn 8, Haltestelle Kirche Kirchditmold

hygge

Süße Versuchungen

15 *WonderWaffel in der Kurfürsten-Galerie*

Es gibt Gerüche, die eng mit der eigenen Kindheit, einem gemütlichen Nachmittag im Kreise der Familie, dem eigenen Zuhause verbunden sind. Ein solches Glücksgefühl ist der Geruch frischer Waffeln, wie es sie bei WonderWaffel im Einkaufszentrum Kurfürsten-Galerie gibt. Mit der Gründung 2013 in Berlin verbreitete sich WonderWaffel schnell auch in anderen Ländern, doch was ist das Besondere?
Jeder Besucher stellt sich sein eigenes „Wonder" zusammen oder greift auf eine bestehende Kreation zurück. Die Kombination aus Früchten, Toppings und fantastischen Soßen auf heißen Waffeln ist einfach himmlisch! Die Rezepte sind übrigens im In- und Ausland gleich. Es wird großen Wert auf frische Produkte gelegt, und ganz ehrlich: Waffeln gehen einfach immer! Beispielsweise wie bei WonderWaffel mit leckeren Früchten, Waffeln sind immer ein Genuss. Die Läden sind pink und grün eingerichtet, Farben, die sich auch im Logo wiederfinden. Die Bedienung ist freundlich und wartet geduldig auf die Bestellung, denn hier hat man die Qual der Wahl: Es klingt einfach alles lecker! Drei Studentinnen wählen daher drei verschiedene Waffeln, um sie zu teilen und so viel testen zu können. Eine gute Idee, doch sie werden wiederkommen müssen, um alle Köstlichkeiten einmal zu probieren. Die Waffeln, die kurz darauf serviert werden, gleichen kleinen Kunstwerken. Außen die Waffel, darin eingebettet die gewählten Zutaten, auf Wunsch Sahne und leckere Toppings. Wer keine Angst vor Kalorien hat, kann Kekse oder Schokolade hinzunehmen. Besonders nett: Die Namen der Gäste werden mit Sauce auf den Teller neben die Waffel geschrieben. Das Konzept geht auf, hier isst man gern! Wer allerdings glaubt, Waffeln, Shakes und Eis seien nur etwas für junge Leute, der täuscht sich. Bei WonderWaffel trifft sich auch gern die ältere Generation zum Kaffeestündchen. Zudem wird der Kaffee in den höchsten Tönen gelobt. Kein Wunder, ist er doch schon mehrfach ausgezeichnet worden. An einem Tisch im hinteren Bereich sitzen einige Herrschaften und genießen ihren Waffelfavoriten: die „Cherry Bomb". Einfach köstlich!

WonderWaffel in der Kurfürsten-Galerie, Mauerstraße 11, 34117 Kassel

ÖPNV: Straßenbahn 1, 3, 4, 5, 6, 8, RT 1, 4, Bus 10, 14, 32, 37, 52, 100, Haltestelle Königsplatz/Mauerstraße

Der weinende Riese

16 *Der Steinbruchsee Bühl*

In Ahnatal, nördlich von Kassel, liegt inmitten eines beschaulichen Waldes der wundervolle Steinbruchsee Bühl. Der Natursee ist nur vier Hektar groß, liegt ein wenig versteckt und egal, von welcher Seite man sich nähert, man läuft ein Stückchen, um das Wasser zu erreichen. Mit jedem Schritt, den man sich von der Straße entfernt, wird es leiser. Eine kleine Wiese, Felsen, heller Kies und mitten im See ein Ponton, auf dem man verweilen kann. Herrlich! Über einen Steg können sich die Mutigsten direkt in das kühle Nass stürzen. Wer lieber langsam in den See gehen möchte, sucht sich einen bequemen Zugang am Ufer. Im Sommer ist der ruhige See ein beliebter Treff, nicht nur von Jugendlichen, die oft direkt nach der Schule herkommen, um die Seele baumeln zu lassen. Man bekommt hier auch einiges geboten: Da der See zum Glück tief ist, kann man seinen Mut beweisen, denn die hohen Felswände verleiten zu kühnen Sprüngen. Ebenfalls ein Riesenspaß: der Autoreifen, der mithilfe eines Seils an einem dicken Ast baumelt und zu Sprüngen animiert. Wer es etwas beschaulicher möchte, der dreht im Wasser seine Bahnen oder liegt einfach bequem in der Sonne. Es gibt nichts Schöneres an einem Sommertag.
Eine Legende besagt übrigens, dass ganz in der Nähe auf dem hohen Dörnberg seit Hunderten von Jahren ein schlafender Riese faul in der Sonne liegt, um die Menschen zu beobachten. Unterhalb von ihm ist der Bühl gelegen, ein ehemals mächtiger Steinhaufen, voll von blauschimmernden Steinen. Diese Steine hütete der Riese einst wie einen teuren Schatz, bis er in einen tiefen Schlaf fiel. Der Schlaf eines Riesen kann viele Jahre dauern, und in dieser Zeit trugen die Menschen die Steine weg. Als der Riese schließlich erwachte, war nur noch ein großes Loch an der Stelle zu finden, an der zuvor seine geliebten Steine in der Sonne funkelten. Seines Schatzes beraubt, vergoss der Riese bittere Tränen, die das Loch schließlich füllten. So soll der Bühlsee entstanden sein, in dessen klarem Wasser sich die kahlen Felswände spiegeln. Wer heute zum Dörnberg hinaufschaut, kann mit etwas Fantasie noch immer den schlafenden Riesen sehen.

- **Steinbruchsee Bühl, 34292 Ahnatal**
- **ÖPNV: Bus 49, Haltestelle Am Bühl**

Kleine Auszeit

17 *Gläserne Sauna im Schlosshotel*

Wer kennt nicht das Gefühl, vom Alltag aufgefressen zu werden? Statt Ruhe regieren Chaos und Hektik. Die Uhr, das Handy und der Terminkalender bestimmen das Leben, man hört weder auf die innere Uhr, noch in sich hinein. Und dabei ist es so wichtig, bewusst auf seinen Körper und Geist zu hören. Für eine kleine Auszeit vom Alltag gibt es am Rande des Bergparks und somit im Herzen der Natur den perfekten Ort, denn hier wurde im Schlosshotel Bad Wilhelmshöhe Conference & Spa eine wundervolle Oase zum Entspannen geschaffen. Egal ob für einige Stunden oder als Hotelgast, hier kann man seine innere Balance wiederfinden. Das Angebot ist vielfältig, und so kann man Verspannungen bei einer Massage lösen lassen, die Haut mit Masken verwöhnen, bei einem Saunagang die Seele baumeln lassen oder einfach ein paar Bahnen schwimmen – dieser herrliche Wellnessbereich lässt keine Wünsche offen. Die atmosphärische Gestaltung des Wellnessbereichs schmeichelt allen Sinnen. Er wurde zu Recht im November 2018 vom Relax Guide mit einer Lilie ausgezeichnet. Damit zählt das Hotel zu den besten Wellnesshotels in Deutschland. Kein Wunder, denn der gesamte Wellnessbereich wurde bewusst und harmonisch arrangiert, mit dem Betreten dieses Entspannungsortes lässt man den Stress hinter sich. Der Urlaub kann beginnen. Der klare Favorit vieler Besucher ist die Panoramasauna mit ihren großen Fenstern. Hier ist es so schön, dass man gern auch etwas länger in der Sauna verweilt. Beim Faulenzen auf einem der gemütlichen Paarsessel, die von der Decke hängen, oder auf einer der bequemen Liegen fasziniert der traumhafte Blick über Kassel. Hier an diesem besonderen Ort zählen der Augenblick, das bewusste Erleben, die innere Ruhe. Einfach die wohlverdiente Pause genießen. Definitiv ein Glücksort, oder um es mit den Worten eines der berühmtesten Deutschen zu sagen: „Hier bin ich Mensch, hier darf ich's sein!"

Schlosshotel Bad Wilhelmshöhe Conference & Spa, Schlosspark 8, 34131 Kassel,
Tel. (0 56 1) 3 08 80
www.schlosshotel-kassel.de

ÖPNV: Straßenbahn 1, Endstation Wilhelmshöhe/Park, Fußweg ca. 10 Min. (bergauf)

Graffiti vom Feinsten

18 *KolorCubes im Schillerviertel*

Die Macher von KolorCubes glauben, dass Kunst möglichst da stattfinden solle, wo sie noch nicht zu finden ist. Auf der Straße, im Alltag – denn Kunst ist eine Möglichkeit sich auszudrücken, aufzubegehren und vielleicht auch eine Chance, etwas zu verändern. So auch im Kasseler Schillerviertel. Ein Viertel unmittelbar im Zentrum und doch weit weg von allem. Ein eher durchschnittliches Wohnviertel mit wenigen Geschäften. Viele fahren täglich hindurch, um in die Stadtmitte zu gelangen, doch kaum einer verweilt. Das ändert sich seit einiger Zeit, denn es tut sich was im Quartier. Mittels Kunst wird das Viertel neu entdeckt! Haus- und Firmenbesitzer stellen ihre Fassaden zur Verfügung, um sie durch Kunst aufzuwerten, und so sind schon über zwanzig Graffiti an den Hauswänden zu bewundern. Um es gleich vorwegzunehmen: Wer bei Graffiti an Schmierereien denkt, der wird bei einem Spaziergang durch das Schillerviertel eines Besseren belehrt. Was hier gezeigt wird, ist große Kunst. Und es ist die Kunst, die das Leben bunter macht, die animiert, den Blick schweifen zu lassen. Es macht Spaß, durch das Viertel zu bummeln, die großen Straßen zu verlassen, um Ecken zu schauen, Hinterhöfe zu betreten, um neue Bilder zu entdecken. Oft sind es faszinierende, gewaltige Kunstwerke, die zwingen stehenzubleiben, innezuhalten. Was überrascht, ist der Facettenreichtum. An einigen Stellen gibt es mehrere Werke dicht nebeneinander, sodass es schwerfällt zu entscheiden, wohin der Weg als Erstes führt. Zu sehen sind bunte Bilder mit vielen Farben und Formen, einzelne Motive, aber auch fantastische schwarz-weiße Bilder, die wie Wimmelbilder eine unglaubliche Fülle an Motiven aufweisen. Die Idee zu dieser großartigen Aktion hatten die kreativen Köpfe von KolorCubes. Ihre Werke sind in ganz Deutschland zu finden und sie kooperieren bereits mit Künstlern aus aller Welt. Glücklicherweise haben sie noch mehr Ideen, denn von diesen Bildern möchten wir gern noch viele mehr sehen!

TIPP

An jedem letzten Samstag im Monat findet um 14 Uhr eine Führung zu den Graffiti-Werken statt. Treffpunkt: Kunsthalle von KolorCubes, Rothenditmolder Straße 21.

KolorCubes, Rothenditmolder Straße 21, 34119 Kassel
ÖPNV: Bus 10, 16, Haltestelle Erzbergerstraße

Burger Boss statt Brokerin

19 *Burger Boss in der Hedwigstraße*

Wer bei Burgern nur an Fast-Food-Ketten denkt, der hat bisher viel versäumt. In Kassel ist das Angebot an Burgern mittlerweile groß, und viele Restaurants haben in den sozialen Netzwerken die besten Kritiken. So auch der kleine Laden von Necla und Ibraim Gümüs. Wenn man die zierliche Necla Gümüs in ihrem schönen Laden in der Hedwigstraße beobachtet, dann merkt man sofort, dass Burger Boss ihre Berufung ist. Ihre Hände sind immer in Bewegung, und so erzählt sie von ihrem Studium, dem Umzug nach Berlin und ihrer Arbeit als Brokerin. Schon zu dieser Zeit teilte sie mit ihrem Mann die Leidenschaft für gut gemachte Burger. Schnell stand fest, dass sie sich selbstständig machen und ein eigenes Restaurant eröffnen werden. Beim Burger, so erzählt sie, müsse einfach alles stimmen: frische, selbst gemachte Brötchen, hochwertige Pattys aus reinem Rindfleisch, frisches Gemüse. Nachdem sie den richtigen Standort gefunden hatten, war es 2017 dann endlich so weit. Vorher hatten sie bereits in der heimischen Küche jegliche Rezepte getestet und einschlägige Bücher zum Thema Burger studiert. Es dauerte lange, bis die Burger so waren, wie sie sein sollten. „Ich würde nie etwas auf den Tisch bringen, von dem ich nicht selbst überzeugt bin!", sagt Necla, und so, wie sie hier im Laden für ihre Gäste da ist und die Burger zubereitet, glaubt man ihr das sofort. Sie selbst hat sich einige Jahre lang streng vegetarisch ernährt, daher fehlen bei Burger Boss auch vegetarische oder vegane Burger nicht auf der Speisekarte. Es gibt Burger mit Halloumi-Käse, Portobello-Riesenpilzen, veganer Falafel oder veganem Quinoa und Schwarze-Bohnen-Gemüsepuffer. Zu den insgesamt achtzehn verschiedenen Burgern essen die Gäste am liebsten die echten Boss Fries, und wer einen Salat möchte, der bekommt ihn natürlich auch bei Burger Boss. Der Erfolg gibt dem Ehepaar Gümüs Recht, denn mittlerweile ist Burger Boss eine echte Institution in Kassel. In der Mittagsause ist es schwer, einen Platz zu bekommen, denn dann kommt oftmals die ganze Belegschaft der Geschäfte aus der direkten Nachbarschaft.

Burger Boss, Hedwigstraße 9, 34117 Kassel
ÖPNV: Straßenbahn 1, 2, 3, 4, 5, 6, 8, 9, Haltestelle Königsplatz

Faszination Islam

20 *Mevlana Moschee in Oberzwehren*

Bereits von Weitem sieht man das Minarett und die Kuppel der Mevlana Moschee, die majestätisch in den Himmel ragen. Es ist ein ungewöhnlicher und faszinierender Anblick. Die Kasseler Mevlana Moschee im Stadtteil Oberzwehren ist die größte in Hessen und noch dazu eine der wenigen mit einem Minarett und einer solch mächtigen Kuppel. Kein Wunder, ist doch auch die islamische Gemeinde Kassel mit über 400 Mitgliedern eine der größten Hessens. Seit 1938 gibt es in Kassel eine Moschee, dieser neue Bau wurde jedoch erst 2014 eingeweiht. Die Gläubigen kommen aus ganz Nordhessen, doch auch Gäste anderer Religionen sind willkommen. Die Moschee öffnet zum ersten Gebet des Tages gegen 6.30 Uhr und schließt erst nach 20 Uhr. Das Gebäude ist schon von außen eindrucksvoll, doch der große Gebetssaal der Männer im Erdgeschoss ist grandios. Leise Gebete sowie die wohlklingende Stimme des Imam sind zu hören, doch sobald der Imam und die Männer ihre Gebete beendet haben, dürfen auch Gäste in den Gebetssaal hinter dem kleinen Vorraum hinein. Die Schuhe werden vor dem Eintreten abgestellt, erst dann darf der mit einem wundervollen Teppich ausgelegte Gebetssaal betreten werden. Ein besonderer, geradezu magischer Ort der Stille und des Gebets mit einer einzigartigen Atmosphäre. Die Wände sind geschmackvoll und aufwendig mit Mosaiken dekoriert, in der Mitte ein gewaltiger Kronleuchter und darüber, atemberaubend schön, die Kuppel.

TIPP Besonders interessant: ein Besuch am Tag der offenen Moschee am 3. Oktober oder im Rahmen des mehrtägigen Frühlingsfests rund um den 1. Mai.

Es stehen gut vierzig ausgebildete Moscheeführer zur Verfügung, die Interessierte durch das Gebäude führen und versuchen, auch Andersgläubigen den Islam und die Architektur näherzubringen. Es genügt den Wunschtermin mittels der sozialen Medien anzufragen, um mit der Schulklasse oder der Freundesgruppe vorbeizukommen. Es sind solche Besuche, die helfen, Ängste abzubauen, den Islam und die Muslime kennenzulernen. Es geht um Integration und Toleranz. Wer neugierig und bereit ist, sich auf Neues einzulassen, wird nicht enttäuscht werden.

Mevlana Moschee, Mattenbergstraße 64-66, 34132 Kassel, Tel. (0 56 1) 49 64 68
www.ditib.de

ÖPNV: Straßenbahn 3, 7, 5, Haltestelle Mattenberg

Der Traum vom Fliegen

21 *Tandemsprung auf dem Flugplatz Kassel Calden*

Der Traum vom Fliegen ist so alt wie die Menschheit, doch hier auf dem alten Flugplatz in Kassel Calden wird er Realität. Wenn dann noch das Wetter mitspielt, kann es kaum schöner sein: ein fast wolkenloser Tag, kaum Wind und angenehme achtzehn Grad. Es sind nahezu perfekte Bedingungen für einen Fallschirmsprung. Profis und Amateure stehen nebeneinander in dem kleinen Bistro der Aero Fallschirmsport GmbH und warten auf das Flugzeug, das sie auf 4.000 Meter Höhe bringen soll. Unter ihnen Nicole, die seit 2013 dabei ist. Ein Tandemsprung war das Geschenk ihres Mannes zum 40. Geburtstag und noch bevor sie wieder festen Boden unter den Füßen hatte, war ihr klar, dass es nicht ihr letzter Sprung, sondern vielmehr der Beginn einer großen Leidenschaft war. Außer Nicole sind vier weitere erfahrene Springer sowie fünf Gäste mit ihren Tandempartnern dabei, die gleich zum ersten Mal aus einem Flugzeug abspringen werden. Auf den Gesichtern sieht man Anspannung und freudige Erwartung, aber auch Respekt vor dem freien Fall. Genau wie Nicole haben sie den Tandemsprung geschenkt bekommen und fiebern nun dem Start entgegen. Die Formalitäten sind erledigt, die Materialien ausgeteilt, jeder hat eine zwanzigminütige Einweisung erhalten. Erstaunte Gesichter, als der Chef verkündet, dass die Busse zur Abfahrt bereitstehen, denn das ist eine Besonderheit in Kassel: Gestartet wird vom neuen Flughafen, der nur wenige Kilometer entfernt ist. Die Landung erfolgt aber auf dem alten Flughafen. Alle Flugwilligen müssen daher auch den Sicherheitsbereich des Flughafens passieren, bevor sie das Flugzeug besteigen und dem Abenteuer entgegenfliegen. Der Traum vom Fliegen dauert vom Einchecken bis zur Landung zirka vier Stunden und kostet 200 Euro. Dass es sich lohnt, kann man den vor Glück strahlenden Gesichtern nach dem Sprung entnehmen. Und es ist gut vorstellbar, dass der ein oder andere genau wie Nicole eine Lizenz erwirbt, um für einige Stunden alles zu vergessen und beim Springen die Sorgen einfach loszulassen.

Aero Fallschirmsport GmbH, Flugplatz 52, Gewerbegebiet Alter Flugplatz, 34379 Calden, Tel. (0 56 74) 9 99 30
www.skydive.de
ÖPNV: Bus 47, Haltestelle Calden Flugplatz

Die Kraft der Steine

22 *Helfensteine auf dem hohen Dörnberg*

Unweit von Kassel liegt der hohe Dörnberg, eine der höchsten Erhebungen Nordhessens und außerdem ein wundervoller Naturpark. Seine abwechslungsreiche Natur in Verbindung mit atemberaubenden Fernblicken macht ihn zu einem magischen Ort. Und so verwundert es kaum, dass vor allem an den Wochenenden Spaziergänger, Wanderer, Fahrradfahrer, Jogger und Segelflieger an diesem traumhaften Fleckchen zu finden sind. Besondere Attraktionen sind die Helfensteine und die Wichtelkirche. Beide gehören zu den Basaltkuppen und Felsbildungen des Naturparks Habichtswald und bestechen durch ihre Kraft, Ruhe und schlichte Schönheit. Seit Hunderten von Jahren stehen sie hier, und schon beim Anblick wird einem die eigene Fragilität und Winzigkeit bewusst. Auf dem Dörnberg wird Geschichte lebendig, denn hier am Hohlestein, einem fast senkrecht nach oben ragenden Basaltfelsen, befand sich vermutlich in der Eisenzeit eine Ringwallanlage. Funde belegen zudem eine Besiedlung in der Jungsteinzeit. Die Wallanlage am größten Felsen der Helfensteine mit einem künstlich angelegten, etwa 100 Meter langen Graben aus dem 12. und 13. Jahrhundert deutet auf eine hochmittelalterliche Burganlage hin. Es ist nicht nur ein geschichtsträchtiger, sondern auch ein unvergleichlich schönes Fleckchen Natur. Wenn man den kleinen Anstieg bergauf hinter sich gebracht hat, wird man mit einem traumhaften Blick von den Helfensteinen auf den Dörnberg und die im Tal gelegenen Dörfchen belohnt. Die breiten ausgetretenen und ausgewaschenen Steine animieren zum Klettern, um ganz nach oben zu kommen, wovon man bei Nässe jedoch unbedingt absehen sollte! Der Aufstieg zu den Helfensteinen sollte auf jeden Fall bei einem Besuch ins Kasseler Umland eingeplant werden. Wenn man sich eine warme Decke mitnimmt, kann man es sich hier am Fuße der Felsen gemütlich machen und den Blick schweifen lassen. Es gibt keinen besseren Moment, um in die Stille eines faszinierenden und außergewöhnlichen Ortes einzutauchen. Wahrlich perfekt, um zu innerer Zufriedenheit und Ausgeglichenheit zu finden.

Helfensteine, Auf dem Dörnberg, 34289 Zierenberg

ÖPNV: Bus 117, Haltestelle Naturparkzentrum

Ein Himmel voller Würste

23 *Wurstehimmel in Calden*

Dass manchmal der Himmel voller Geigen hängt, ist bekannt, aber voller Würste? Ja, in Calden hängt der Himmel voller Würste, es gibt sogar einen Wurstehimmel. Das ist nicht übertrieben, denn unter dem Dach der Landfleischerei Koch hängen gut 40.000 Würste, und so verwundert es kaum, dass Gäste aus nah und fern den Wurstehimmel besuchen möchten. Im Schnitt sind es zwei bis drei Führungen pro Tag. Und auch wenn Tochter Katharina im Betrieb seit 2018 das Sagen hat, so ist ihr Vater Thomas noch immer mit Leib und Seele dabei. „Ich bin im Himmel, wenn ihr mich sucht." Mit diesen Worten verschwindet er im Fahrstuhl, gefolgt von einer Besuchergruppe, um nach oben in den Wurstehimmel zu fahren. Kaum ausgestiegen stehen die Gäste vor einer großen Menge Würste, die über mehrere Etagen an der Decke zum Reifen aufgehängt wurden. Es riecht gut, und hier herrscht ein überaus angenehmes Klima, was auf die Lehmwände zurückzuführen ist. „Im Winter warm, im Sommer kühl und noch dazu klimaneutral, wir brauchen keine Klimaanlage", erklärt Thomas Koch. Die Gäste lauschen gespannt, wenn er von seinem Betrieb erzählt, der bereits 1877 von seinem Urgroßvater gegründet wurde. Gleichzeitig informiert er über ein faszinierendes Handwerk. Regionalität, Qualitätsbewusstsein und der Respekt vor dem Produkt sind Schlüsselworte, mit denen hier gearbeitet wird. Die Schweine werden im Dorf bei drei Bauern artgerecht gehalten. In den Ställen herrscht eine angenehme Atmosphäre, die Boxen sind mit Stroh ausgelegt, hell und freundlich, die Tiere haben viel Bewegungsfreiheit, bekommen gesundes Futter. Hier dürfen sie sich im Stroh niederlassen, verstecken, suhlen – kurzum: Schwein sein! Thomas Koch führt durch die verschiedenen Räume, ein interessantes Detail folgt dem nächsten. Die Ahle Wurscht, die regionale Spezialität, das ist sein Leben. Es gibt sie übrigens fest und lang, als dürre Runde oder gar in Form einer Herkuleskeule. Doch eines haben sie alle gemein: Sie schmecken mit oder ohne Brot!

Landfleischerei Henry Koch, Mittelstraße 6, 34379 Calden, Tel. (0 56 74) 61 06
www.wurstehimmel.de
ÖPNV: Bus 100, 130, 133, Haltstelle Rathaus Calden

Ein Traum in Rosa

24 *Zierkirschen an der Schönen Aussicht*

Es braucht nicht viel, um glücklich zu sein! Ein Platz auf einer Mauer unter einem der rosa blühenden Bäume und ein Mensch, mit dem man diesen Moment teilen kann: Mehr braucht es nicht im Frühling an der Schönen Aussicht in Kassel. Es ist die Zeit der blühenden Zierkirschen, die jedes Jahr im April den ganzen Hang in eine wahre Märchenzauberwelt verwandeln. Ein Platz, an dem nicht nur Fans der Farbe Rose ihre wahre Freude haben. Es ist ein geradezu magischer Ort, der zum Innehalten und Tiefeinatmen einlädt. 1955 anlässlich der ersten Bundesgartenschau in Kassel auf den Trümmern der zerstörten Stadt als Rosenhang angelegt, erinnert vor allem im Frühling, wenn die Zierkirschen blühen, nichts an diese traurige Vergangenheit. So weit das Auge reicht, präsentiert sich der terrassenförmige Hang in den schönsten Pastellfarben. Wenn dann dazu noch die Sonne scheint und der Himmel strahlend blau ist, kann es kaum einen schöneren Platz, geschweige denn ein schöneres Fotomotiv geben. So sehen es auch die Freundinnen Olga und Katharina, die an einem wundervollen Samstagnachmittag für ein kleines Fotoshooting hierhergekommen sind. Geduldig warten sie, bis der Platz auf der Mauer unter einem wirklich traumhaft schön gewachsenen Baum frei geworden ist. Dann setzen sie sich in Pose und konkurrieren mit dem zartrosa blühenden Baum über und hinter sich. Lachend schauen sie sich immer wieder die Fotos an, setzen sich anders, posieren wieder. Unterbrochen wird das Fotoshooting nur von anderen Besuchern, die auch gern hier ein Foto machen möchten, doch das ist kein Problem. Die Freundinnen haben es nicht eilig und gehen gern einen Augenblick beiseite. Nein, man braucht nicht viel, um glücklich zu sein! Es tut gut zu sehen, dass in unserer von Konsum und Hektik geprägten Gesellschaft, ein Platz im Grünen solch eine Wirkung haben kann und die Schönheit der Natur dazu beiträgt, zur Ruhe zu kommen.

Schöne Aussicht, Rosenhang, 34119 Kassel

ÖPNV: Straßenbahn 1, 3, 4, 5, 6, 8, RT 1, 4, Haltestelle Rathaus oder Friedrichsplatz

Fährmann, hol über!

25 *Restaurant Fährmann in Fuldabrück*

Das Fährmann in Fuldabrück-Bergshausen gilt als eines der besten Dorfgasthäuser in Hessen. Wer nun aber ein nüchtern eingerichtetes Wirtshaus mit kleinen braunen Tischen, Eckbänken, Stühlen und karierten Tischdecken erwartet, der wird mehr als überrascht sein, wenn er das Fährmann betritt. Den Besucher erwartet ein liebevoll gestaltetes Restaurant mit maritimem Ambiente, wie man es vielleicht an der Ost- und Nordsee erwarten würde und nun hier in Nordhessen am Ufer der Fulda findet. Das Restaurant hat im zweiten Stock zudem eine tolle Lounge, von der aus man direkt auf die Fulda blicken kann. Bei schönem Wetter geht natürlich nichts über die wundervolle Außenterrasse und die Liegewiese. Nach einem entspannten Spaziergang oder einer Radtour kann der Besucher auf der großen Liegewiese im Strandkorb, Liegestuhl oder einfach auf der Wiese liegend verweilen, eine kurze Pause einlegen. Wer nur etwas trinken oder ein Eis auf die Hand möchte, der kann sich in der zum Restaurant gehörenden „Fullebude" gern auch selbst bedienen. Der Name Fährmann kommt übrigens nicht von ungefähr, denn hier am Ufer der Fulda verrichtete lange Jahre der Fährmann von Bergshausen bei Wind und Wetter seinen Dienst. Egal ob das Brot von Niederzwehren herübergebracht werden musste, ein Arzt benötigt wurde oder der Pfarrer zum Gottesdienst herüberkam, der Fährmann war immer zur Stelle. Erst ehrenamtlich, doch in den Jahren von 1800 bis 1919 war die Fähre eine feste Einrichtung der Gemeinde. Wer auch immer über die an dieser Stelle 126 Meter breite Fulda gebracht werden wollte, rief: „Hol über!", und prompt wurde der Fährmann aktiv. Den Fährmann zu haben war für die Menschen ein Segen, und so entstand schon früh ein Heimatlied, in dem es heißt: „Der Fährmann schaffet uns die Brück, denn jenseits blühet Zukunftsglück." Noch heute ist es ein Glück, den Fährmann hier am Ufer der Fulda zu haben, wenn man bei einem leckeren Essen oder einem Gläschen Wein in einzigartiger Atmosphäre den Blick über die Fulda schweifen lassen kann.

TIPP Der Weg von der Haltestelle Flughafenstraße ist zwar länger, dafür kann man an der Fulda entlang den Fährmann erreichen.

Fährmann, Lindenstraße 4, 34277 Fuldabrück-Bergshausen, Tel. (0 56 1) 9 53 10 50
www.faehrmann-kassel.de

ÖPNV: Bus 17, Haltestelle Flughafenstraße, Bus 35, Haltestelle Flughafenstraße oder Neue Straße

FÄHRMANN
FÄHRMANN

Schlafen im Bergpark

26 *mulang no. 6 – das kleine Gästehaus*

Ende des 18. Jahrhunderts kam alles, was asiatisch und somit exotisch anmutete, nach Europa. Das war die Geburtsstunde der Chinoiserie. Ein Trend, der auch an Kassel nicht vorbeiging, und so entstand vermutlich nach den Plänen von Simon du Ry sowie des Hofgartendirektors Schwarzkopf das kleine Dorf Mulang. Hier lebten unter anderem Hirten und Farbige, die sich um Gemüse, Milch und Vieh kümmerten. Es gab zudem Stallungen für Schafe und Kühe, eine Fasanerie, eine Mühle, ein Küchen- und Milchhaus sowie eine Pagode. Außer dem chinesischen Dorf in Kassel gibt es in Europa nur noch wenige, die als Ensemble bis heute erhalten sind. Der kulturelle Wert dieses Dorfes ist unbestritten. Das kleine Hirtenhaus in der Mulangstraße Nr. 6 gehört zu diesem historischen Erbe. Es wurde im Jahr 1785 errichtet und Anfang 2011 von Grund auf saniert. Während die übrigen Häuser des ehemaligen Dorfes Mulang vorwiegend an Mitarbeiter der Museumslandschaft Hessen Kassel vermietet wurden, ist hier ein niedliches Gästehaus entstanden. Die Innenarchitektin Antje Peters hat dieses Kleinod zusammen mit ihrem Mann von der Museumslandschaft Hessen Kassel gepachtet und in ein liebevoll eingerichtetes Gästehaus für zwei Personen umgewandelt. Wie sehr ihr das Haus ans Herz gewachsen ist, merkt man bereits beim Eintreten. Die wenigen überwiegend weißen Möbel wurden gekonnt platziert, sodass das Häuschen nicht von Accessoires erdrückt wird. Der Charme des urigen Hauses nimmt den Gast sofort gefangen. Hier möchte man bleiben, sich in das gemütliche Bett mit der weißen Wäsche legen oder im Garten in der Abendsonne ein Gläschen trinken. Jedes Detail, egal ob drinnen oder draußen, ist harmonisch aufeinander abgestimmt. Dieses Gästehaus ist etwas ganz Besonderes, und das zeigen auch die unzähligen Einträge in das Gästebuch. Glücklich, wer eine Nacht oder gar mehrere hier am Rande des Bergparks Wilhelmshöhe übernachten kann, denn das Haus ist vor allem am Wochenende gut gebucht. Versuchen sollte man es auf jeden Fall.

mulang no. 6, das kleine Gästehaus, Mulangstraße 6, 34131 Kassel
www.mulang-no6-kassel.de
ÖPNV: Straßenbahn 4, Haltestelle Waldorfschule

Lache, und die Welt lacht mit

27 *Caricatura – Galerie für Komische Kunst*

Seit 1987 ist die Caricatura – Galerie für Komische Kunst aus Kassel nicht mehr wegzudenken. Mit ihrer erfolgreichen Ausstellungs- und Veranstaltungsarbeit hat die Caricatura die Stadt Kassel zu einem wichtigen Komik- und Satire-Zentrum in Deutschland gemacht. Außerdem wird seitdem parallel zur documenta alle fünf Jahre die größte Sammelausstellung Komischer Kunst im deutschsprachigen Raum gezeigt. Mit den Ausstellungen CARICATURA I – VII wurde der Begriff der Komischen Kunst erstmals als Gattungsbegriff innerhalb der Bildenden Künste entwickelt und ausformuliert. Darüber hinaus präsentiert die Caricatura mehrmals pro Jahr im Rahmen von Ausstellungen herausragende Arbeiten aus den Bereichen Cartoon, Karikatur, Komische Zeichnung und Komische Malerei. Sie bietet zudem ein Podium für Lesungen und satirische Bühnenprogramme. Die Besucher können mit schlechter Laune und mürrischem Gesicht die Ausstellungsräume betreten, sie werden sie aber ganz bestimmt mit einem Lächeln im Gesicht verlassen!
Die Ausstellungen der Caricatura machen einfach Spaß, hier geht man schmunzelnd, manchmal aber auch laut auflachend von einer Zeichnung zur anderen. Die dargestellten Szenen sind aus dem Leben gegriffen, oft auch von beißendem Humor und doch liebenswert. Ein Besuch der Ausstellung ist ein großes Vergnügen, und wir Erwachsenen lachen ja tatsächlich viel zu wenig im Vergleich zu Kindern. Schade, denn wir wissen eigentlich alle, wie gesund das Lachen ist. Die Immunabwehr steigt, Stresshormone bauen sich ab und Glückshormone werden freigesetzt. Wer regelmäßig und vor allem ausgiebig lacht, tut also eine Menge für seine Gesundheit. Folglich noch ein Grund mehr, die Ausstellungen zu besuchen. Es gibt übrigens auch einmal im Monat „After-Work-Führungen". Im Preis für Führung und Eintritt ist ein leckerer Cocktail enthalten, der in diesem Fall sogar mit in die Ausstellung genommen werden darf. Eine Teilnahme ist auch spontan möglich, und wer noch seinen ganz persönlichen Glücksmoment sucht, der sollte die Caricatura besuchen und glücklich nach Hause gehen!

Caricatura - Galerie für Komische Kunst im Kulturbahnhof, Rainer-Dierichs-Platz 1, 34117 Kassel
www.caricatura.de

ÖPNV: Bus 14, 17, 32, 37, 52, 100, 500, RE 30, 98, RB 15, 35, 39, RT 1, 4, 5, Haltstelle Hauptbahnhof

TERRE BRUNE
CARIGNANO DEL SULCIS

Küche der Kulturen

28 *Chiringuito im Vorderen Westen*

Das Wort „chiringuito" kommt aus dem Spanischen und heißt übersetzt „kleine Hütte am Strand". Klein ist das Chiringuito im Stadtteil Vorderer Westen tatsächlich. Das durch die große Scheibe einfallende Licht ist leicht schummrig, und doch erinnert die Einrichtung an eine gemütliche Strandbar. Knapp fünfzig Plätze gibt es Inneren, im Sommer, wenn auch vor dem Restaurant Tische aufgestellt werden, kommen dreißig hinzu. Der Charme des Restaurants und die Herzlichkeit des Personals nehmen die Besucher sofort gefangen. Auf der großen Sitzbank am Fenster liegen bunte Kissen, davor und im übrigen Restaurant stehen Holztische und Stühle in verschiedenen Farben. Eine Speisekarte sucht man vergeblich, stattdessen gibt es zwei große Tafeln mit den Speisen des Tages, die auf Rollen von einem Tisch zum anderen gefahren werden. Chefin Anke Müller und ihr Team erklären den Gästen die verschiedenen Gerichte, empfehlen und warten, bis sich alle entschieden haben. Das Chiringuito ist eine Küche der Kulturen. Es gibt Tapas aus Spanien, köstlichen in Salzlache eingelegten Käse aus Rumänien, Pecorino aus Italien, Auberginenmousse aus Israel, Gewürze aus aller Welt, raffiniert gewürzte Quitten. Im Herbst sind die rumänischen Kohlrouladen, für die der Kohl zuvor speziell eingelegt wird, der Renner, im Sommer sind es die über dem offenen Feuer gegrillten Ćevapčići aus der Balkanregion. Anke probiert gern Neues, das Angebot wird daher ständig erweitert. Die Speisen werden in Schälchen, das Fleisch auf kleinen Tellern auf den Tisch gestellt und frisches Brot dazu gereicht, das auch von der Chefin gebacken wird. Das Konzept geht auf, denn die Gäste lieben es, anstelle eines Gerichts viele feine „Schmeckewöhlerchen" zu probieren, und so stehen auf den bunten Tischen nicht selten sieben, acht unterschiedliche Schüsseln, Brot, Wein und Fleisch. Unbedingt ausprobieren, denn hier kann man im Kreise von Freunden, auf eine kulinarische Entdeckungsreise gehen, gemütlich zusammensitzen und noch dazu ein köstliches Glas Wein trinken – Herz, was willst du mehr?

Küche der Kulturen – Chiringuito, Dörnbergstraße 11, 34119 Kassel, Tel. (0 56 1) 50 34 33 87
www.chiringuito-kassel.de

ÖPNV: Straßenbahn 4, 8, Bus 13, Haltestelle Bebelplatz, Bus 14, 52, 100, 500, Haltestelle Malsburgstraße

KÜCHE DER KULTUREN
chiringuito
TAPAS·DRINKS·MUSIC
Tapas des Tages
Aioli oder Salsa

Ein Fest für die Sinne

29 *SinnesGänge in der alten Ziegelei in Oberkaufungen*

Viele alte Produktionsstätten werden erst Jahrzehnte dem Verfall preisgegeben, bevor sich etwas tut, doch nicht so in Oberkaufungen. Schon zehn Jahre nach der Stilllegung wurde die alte Ziegelei zum Industriedenkmal erklärt. Seitdem arbeiten die Besitzer an ihrer Instandsetzung und führen sie neuen Nutzungen zu. Es ist bewundernswert, was in nur fünfzehn Jahren geschafft wurde, denn ein Großteil der Gebäude wurde detailgetreu und denkmalgerecht saniert, und es wurde ein harmonischer Neubau errichtet. Schließlich wurde 2011 der Brennofen mit der 1.000 Quadratmeter großen Ofenhalle hergerichtet, der seitdem die SinnesGänge beherbergt. Es ist ein wundervoller, fast mystischer Ort, bestehend aus sechzehn begehbaren, miteinander verbundenen Gewölbekammern. Die Industriearchitektur des Ofens und die umlaufende Ofenhalle bilden mit ihrer überraschend sinnlichen Qualität eine organische Einheit mit den Stationen des Erfahrungsfeldes. Den Betreibern ist es gelungen mit den SinnesGängen ein ebenso spannendes wie abwechslungsreiches Ausflugsziel zu schaffen, denn das Erfahrungsfeld bietet den Besuchern die Möglichkeit zur Entfaltung der Sinne anhand von derzeit vierzig Erfahrungsstationen. Dabei reicht das Spektrum von neuen Hörerlebnissen am Gong über das Bestaunen der Formen des Sandpendels oder des Wasserstrudels bis hin zum Weg durch den Dunkelgang. Der Entwickler des Erfahrungsfeldes Hugo Kükelhaus sagte: „Der Besucher erfährt, wie das Auge sieht, das Ohr hört, die Nase riecht, die Haut fühlt, die Finger tasten, der Fuß (ver-)steht, die Hand (be-)greift, das Gehirn denkt, die Lunge atmet, das Blut pulst, der Körper schwingt. Die Wahrnehmung der Gesetze der eigenen Natur befähigt den Menschen, in den Erscheinungen der äußeren Natur die gleiche Gesetzlichkeit wahrzunehmen als auch zu wahren.“ Die SinnesGänge sind ein einzigartiger Ort, um zu sich selbst zu finden, und gleichzeitig ein Fest für die Sinne. Dieser Ort lädt ein zum Innehalten, zum Zur-Ruhe-Kommen, um die eigenen Sinne aktiv zu entdecken und zu erleben.

TIPP In der Maschinenhalle wurde das Hessische Ziegeleimuseum eingerichtet. Infos: www.hessisches-ziegeleimuseum.de

SinnesGänge in der Ziegelei Oberkaufungen, Niester Str. 24., 34260 Kaufungen, Tel. (0 56 05) 9 29 55 04
www.sinnesgaenge.de
ÖPNV: Straßenbahn 4, Bus 34, Haltestelle Alter Bahnhof

Was uns erschöpft,
ist die
Nichtinanspruchnahme
der Möglichkeiten
unserer Organe und
unserer Sinne,
ist ihre Ausschaltung,
Unterdrückung ...
Was aufbaut,
ist Entfaltung.
Entfaltung durch die
Auseinandersetzung
mit einer
mich im Ganzen
herausfordernden
Welt.
Hugo Kükelhaus

Bloß nicht hängen lassen

30 *Kletterwald im Habichtswald auf dem Hohen Gras*

Max ist 1,35 Meter groß, noch keine drei Jahre alt, aber er klettert flink und vor allem gut gesichert von einer Station des Kinderparcours zur nächsten. Seine Mutter Sarah steht unten und schaut dem jüngsten Spross der Familie ungläubig zu, denn eigentlich wollten nur der achtjährige Bruder Felix und sein Freund klettern. Max sollte genau wie seine Mutter zuschauen. Nach einem kurzen Protest durfte aber auch er auf einen Kinderparcours. Für Kletterwaldleiter Hannes ist das keine Überraschung, denn er ist ohnehin der Meinung, dass jeder, der laufen, auch klettern kann, und da die Kinder mit einem durchlaufenden Sicherungssystem gut gesichert sind, kann ihnen nichts passieren. In einer Zeit, in der wir uns alle viel zu wenig bewegen, die Motorik nur noch unzureichend gefördert wird, sind Erfahrungen wie diese nicht hoch genug einzuschätzen. Fernab von Autolärm, inmitten des wundervollen Habichtswalds gibt es acht verschiedene Parcours. Egal, ob Kletteranfänger oder echter Profi, hier im Habichtswald auf dem Hohen Gras, dem höchsten Gebiet Kassels, ist für jeden etwas dabei. Klettern ist in erster Linie Teamwork, daher geht es immer zu zweit nach oben. In luftiger Höhe muss man sich aufeinander verlassen, miteinander kommunizieren. Toll ist auch der Partnerparcours, der die Möglichkeit bietet, nebeneinander die Stationen zu erleben. Mit über achtzig Jahren sind Herbert und Franz an diesem Tag die ältesten Teilnehmer, die nach einer kurzen Sicherheitseinweisung zielstrebig zum Profiparcours laufen. Ein Mitarbeiter erklärt ihnen, dass sie dieser Parcours auf immerhin 15 Meter Höhe bringe und diverse Schwierigkeiten mit sich bringt. Die Kletterprofis Herbert und Franz, die seit über sechzig Jahren Mitglieder im Alpenverein sind und, wie sie selbst sagen, fast jeden Berg der Alpen bezwungen haben, hören sich das kurz an, nicken und verschwinden vor den Augen des verdutzten Teams mit einer unglaublichen Eleganz und Schnelligkeit in den Kronen der Bäume – nein, für sie sind dieser Parcours und auch die Höhe kein Problem! So hat der Kletterwald für Anfänger und Profis viel zu bieten – schnell hin und ausprobieren!

Kletterwald Kassel, Hohes Gras, Habichtswald, 34131 Kassel, Tel. (0 52 51) 8 71 94 71
www.kletterwald-kassel.de

ÖPNV: Bus 22, Haltestelle Hohes Gras oder Essigberg

Ein Hauch von Freiheit

31 *Kassels erste Stadtimkerei*

Es ist seit Jahren ein Trend, der dank Victor Hernández auch an Kassel nicht vorbeigegangen ist. Egal, ob auf der Pariser Oper, dem Berliner Dom oder den Hochhäusern in Manhattan, auf vielen Dächern dieser Welt wird Stadthonig hergestellt. In Kassel gibt es leckeren Stadthonig dank der vielen Völker auf dem Hauptfriedhof, dem Botanischen Garten, dem Dach des Staatstheaters oder des Kurparkhotels, um nur einige Beispiele zu nennen. Als Victor Hernández 2010 begann, da galten Stadtimker noch als Exoten, doch über diesen Punkt ist man glücklicherweise hinweg. Die kleinen fliegenden Insekten auf den Dächern der Stadt leisten einen wertvollen Beitrag für die Biodiversität der städtischen Natur und bieten dem Imker grandiose Ausblicke. Zudem sind diese Bienen gesund, denn sie kommen nicht mit Pestiziden in Kontakt, wie sie in der Landwirtschaft leider oft verwendet werden. Interessanterweise schmeckt der Honig in jedem Stadtteil anders, mal süßer, mal herber, aber immer gut. Verbinden doch viele mit der Nordstadt nur graue Tristesse, so ist es gerade dieser Honig, der bei der Honigprämierung des Landes Hessen 2012 mit Gold ausgezeichnet wurde.

Victor Hernández ist Imker aus Leidenschaft. Es geht ihm nicht nur um Honigertrag, sondern um Wissensvermittlung. In zahlreichen ehrenamtlichen Projekten teilt er sein Wissen mit anderen. Es ist ihm eine Herzensangelegenheit nicht nur Kindern in Kindergärten und Schulen, sondern auch den Insassen der Kasseler Justizvollzugsanstalt das Thema Bienen und Honig näherzubringen. Seit mittlerweile drei Jahren stehen sechs Bienenvölker bei den schweren Jungs hinter Gittern, von denen zehn zu Imkern ausgebildet werden. Dabei fasziniert Hernández immer wieder, wie fürsorglich die Männer mit den Tieren umgehen. Der Honig, der hier entsteht, ist etwas Besonderes, denn auch wenn die angehenden Imker hinter Gefängnismauern ihre Strafe absitzen müssen, der Himmel über dem Gefängnis ist frei, die Bienen kommen und gehen, wann sie wollen. Ein Hauch von Freiheit, der diesem Honig zu seinem Namen verholfen hat: Kasseler Freiheit!

Kasseler Stadthonig, Imkerei & Manufaktur, Holländische Straße 82, 34127 Kassel, Tel. (0 56 1) 40 70 11 77
www.kassel-stadthonig.de

ÖPNV: Straßenbahn 1, 5, RT 1, 4, Bus 100, Haltestelle Halitplatz

BIENENGARTEN
KASSELER
STADTHONIG
NATURERLEBNIS BIENE
- NATURGENUSS HONIG
AKTIVER NATURSCHUTZ FÜR DIE REGION
275 g

Kassels ältester Biergarten

32 *Lohmann im Königstor*

Das Lohmann in Kassel ist eine Institution! Bereits 1888 von Friedrich Wilhelm Lohmann gegründet, gibt es die deutsche Traditionsgaststätte seit 1891 im Königstor Nr. 8. Das Gebäude aus der Anfangszeit ist nicht mehr vorhanden, denn wie die gesamte Stadt Kassel, so wurde auch das Lohmann im Zweiten Weltkrieg komplett zerstört. Von der ehemals repräsentativen Fassade ist nichts geblieben, doch dafür gibt es an dieser Stelle eine grüne Oase, einen wundervollen Ort zum Verweilen. Nur wenige Meter entfernt rollt der Verkehr, doch hier ist man abseits von Lärm, Staub und Asphalt. Schon vor über fünfzig Jahren haben die Studenten das Lohmann für sich entdeckt und zu ihrem Treffpunkt gemacht. Als 1966 das Ordnungsamt die Gaststätte wegen angeblicher Sicherheitsmängel schloss, gingen die Studenten auf die Barrikaden und kämpften um ihr Lohmann. In der Folge trafen sie sich alle auf dem Königsplatz und demonstrierten für die Wiedereröffnung der populären Traditionsgaststätte. Eine Demonstration wegen der Schließung einer Gastwirtschaft – so etwas hatte es in Kassel noch nicht gegeben. Das Lohmann durfte unter Auflagen wieder öffnen, und so haben viele der Studenten mit angepackt und folglich dazu beigetragen, dass das Lohmann zu dem wurde, was es heute ist.

Das Publikum hat sich geändert, denn heute kommen gern alle Generationen hierher, um die sonnigen Tage unter den großen alten Bäumen zu genießen. Der Biergarten ist mit 240 Plätzen nicht groß, doch er ist sicherlich einer der schönsten in der Kasseler Innenstadt. Auch im Herbst und Winter ist das Lohmann ein beliebter Treffpunkt. Im Innenraum gibt es gut 150 Plätze und eine eindrucksvolle Theke aus dunklem Holz, die ein gestalterisches Element im gesamten Thekenraum bildet. Wer den Blick schweifen lässt, entdeckt schnell die Schwarz-Weiß-Fotografien an den Wänden, die das Lohmann der letzten hundert Jahre zeigen. Eines ist jedoch ganz klar – egal ob drinnen oder draußen, zum Essen oder nur auf ein Glas Bier, ein Besuch lohnt sich auf jeden Fall.

Lohmann, Königstor 8, 34119 Kassel, Tel. (0 56 1) 7 01 68 75
www.lohmann-kassel.de

ÖPNV: Straßenbahn 4, 8, RT 5, Bus 25, Haltestelle Rathaus/Fünffensterstraße

LOHMANN
König Pilsener
Bitburger
Bitburger
HIER ORIGINAL SERVIERT

Kleidsam und kostbar

33 *hab selig in der Friedrich-Ebert-Straße*

Das Geschäft „hab selig" ist ein Kleinod! Auffällig anders, liebevoll dekoriert und nostalgisch zeigt sich die große Fensterfront aus der Gründerzeit. Wöchentlich werden die Schaufenster neu dekoriert, und so hupt es oft vor dem Laden, da viele Frauen fasziniert die Auslage bewundern und dabei die Grünphase verpassen. Inhaberin Petra Maier erzählt gern von einem Mann, der mit seiner Frau eines Abends lange bewundernd vor dem Schaufenster stand. Als sie den Laden abschloss, fragte er sie lachend, ob sie eigentlich wisse, dass sie eines der gefährlichsten Schaufenster Kassels habe? Er fügte hinzu, dies sei ein Laden, an dem seine Frau nie vorbeigehen könne, obgleich sie schon so viele Kleider besäße. Kann es ein schöneres Lob für eine Ladenbesitzerin geben? Wer auf der Suche nach Accessoires und außergewöhnlichen Geschenkideen ist, der wird hier im „hab selig" fündig werden. Der Schwerpunkt liegt auf stilvollen, erschwinglichen Kleidern, die zeitlos schön die Weiblichkeit betonen, ergänzt durch Basics wie T-Shirts und Jeans. Hierher kommt die modebewusste Frau, denn es hat sich herumgesprochen, dass dieser hübsche Laden ein breit gefächertes Angebot hat. Es sind vielfach wahre Kostbarkeiten, neu entdeckte, alte Schnitte. Das „hab selig" ist ein Muss für alle, die Kleider nicht von der Stange tragen möchten, denn hier sind vor allem Kleidungsstücke kleinerer Labels zu finden, die feminin, einzigartig und noch dazu originell sind. Ergänzt wird das Angebot durch Accessoires im Bereich Papeterie, Schmuck, Lederwaren, Schuhe, Tücher, Gürtel und Geschenkartikel. Bei der Auswahl der Produkte legt das Team großen Wert auf Nachhaltigkeit. Die Freude am Gestalten, aber auch die Kompetenz und Herzlichkeit des Personals machen das Kauferlebnis zu etwas Besonderem. Schon beim Betreten strahlt der Laden eine ganz besondere Atmosphäre aus. Das „hab selig" ist ein Ort, an dem man sich gerne trifft und wo nach Herzenslust gestöbert und anprobiert werden kann.

hab selig, Friedrich-Ebert-Straße 90, 34119 Kassel, Tel. (0 56 1) 93 71 38 97
www.habselig-kassel.de
ÖPNV: Straßenbahn 4, 8, Haltestelle Queralleeö

15 Cold Drinks

Kleider aus Omas Bettwäsche

34 *Soki in der Friedrich-Ebert-Straße*

Die besten Ideen entstehen dann, wenn man es am wenigsten erwartet. So war es auch bei Soki. Die beiden Freundinnen Sophie und Kira trafen sich abends auf ein Glas Wein, um gemeinsam zu überlegen, was sie nach der Ausbildung zu Maßschneiderinnen machen wollten. An guten Angeboten mangelte es nicht, doch beiden war klar, es sollte ein faires Label sein, die Produktion möglichst mit Bio-Baumwolle realisiert werden. Sie beschlossen selbst eine Firma zu gründen und produzierten die ersten Boxershorts aus Omas alter Bettwäsche. Ein Riesenerfolg, den die beiden selbst nie zu hoffen gewagt hatten! Erst bekamen sie ausschließlich von Freunden, Verwandten und Bekannten Bettwäsche, doch nach einigen Auftritten im Fernsehen, erreichen sie nun fast täglich Pakete aus ganz Deutschland. Ein wahrer Segen, denn so füllen sich schnell die Lager. Mit Boxershorts sind die beiden bekannt geworden, doch längst sind auch andere Kleidungsstücke hinzugekommen. Hübsche Kleider, feine Blousons, bunte Tücher – der Fantasie sind keine Grenzen gesetzt, und doch werden alle Serien nur in kleinster Auflage produziert. Soki ist ein Green Concept Store und vertreibt folglich auch andere faire Labels aus den Bereichen Pflegeprodukte, Haushalt, Bekleidung und Spielzeug. Das Kerngeschäft ist und bleibt aber die Produktion von Kleidung aus Bettwäsche. Eine wunderbare Kooperation gibt es daher seit einigen Jahren mit der Baunataler Diakonie, die für Soki unter anderem die Boxershorts näht.

Kira erzählt lächelnd von einer Familie aus Süddeutschland, die schweren Herzens den Haushalt der verstorbenen Großmutter auflösen musste. Nachdem die Familie eine Reportage über Soki im Fernsehen gesehen hatte, war klar, dass die Bettwäsche nach Kassel geschickt wird, damit alle Familienmitglieder aus genau dieser Bettwäsche ein Kleidungsstück ihrer Wahl erhalten. Gesagt, getan, und so hat jeder nach einigen Wochen ein individuelles Kleidungsstück aus Omas Bettwäsche erhalten. Kann es eine schönere Erinnerung an einen geliebten Menschen geben?

Soki Kassel Label & Store, Friedrich-Ebert-Straße 101, 34119 Kassel, Tel. (0 56 1) 50 34 88 73
www.soki-kassel.de
ÖPNV: Straßenbahn 4, 8, Haltestelle Querallee

Über tausend Jahre Wald

35 *Urwald im Reinhardswald*

Wer am Herkules steht und über Kassel blickt, der sieht, dass die einzige Großstadt Nordhessens von riesigen Waldgebieten umgeben ist. Dabei ist jeder Wald einzigartig, doch der Reinhardswald ist etwas Besonderes, mystisch und über tausend Jahre alt. Das Alter eines Waldes bestimmen zu können oder gar seinen Geburtstag zu feiern, ist ungewöhnlich, doch beim Reinhardswald ist das anders. Am 15. Dezember 1019 hat der römisch-deutsche Kaiser Heinrich II. eine Urkunde mit seinem Siegel versehen lassen. Diese Urkunde beinhaltete die Schenkung des südlichen Teils des Reinhardswaldes mit einer Fläche von 200 Quadratkilometern an das Bistum Paderborn. Mit nahezu unveränderten Grenzen handelt es sich heute hierbei übrigens um das größte zusammenhängende Waldgebiet Hessens.

Der Reinhardswald ist ein Refugium, ein stilles Paradies für Naturfreunde. Dabei ist vor allem der zirka 90 Hektar große Urwald, das älteste hessische Naturschutzgebiet, ein Ort, um den sich zahlreiche Märchen, Sagen und Legenden ranken. Seit über hundert Jahren wird der Wald so weit wie möglich sich selbst überlassen. Baumgerippe und Totholz verleihen ihm seinen urwaldartigen Charakter. Am Fuße der mächtigen Bäume hält so mancher Besucher fast demütig inne und bestaunt die Kraft und Größe, die von ihnen ausgehen. Hier stehen mächtige Eichen neben sterbenden Bäumen, doch wer genau hinschaut, erkennt, wie viel Leben noch in diesen Bäumen steckt, wie viele kleine Tiere und Insekten unermüdlich im Inneren des Baumes arbeiten und so alles in den Kreislauf des Lebens zurückführen. Neben bis zu 600 Jahre alten Baumriesen öffnen sich dem Besucher zudem immer wieder Lichtungen mit wunderbarem Farn und wilden Blumen und sorgen für eine geheimnisvolle Atmosphäre. Der Urwald ist Lebensraum für Tiere, Pflanzen und Pilze. Seit einigen Jahren gibt es einen wundervollen Rundweg. Der Urwald ist ein sagenumwobener Ort mit einer ganz eigenen Stimmung, den es zu erkunden und erleben gilt. Auf in den Wald!

Märchenland Reinhardswald, Markt 5, 34369 Hofgeismar, Tel. (0 56 71) 99 92 22
www.reinhardswald.de
ÖPNV: Bus 192, Haltestelle Reinhardswald/Urwald

Frühstück vom Feinsten

36 *Café Hurricane in der Nordstadt*

Was wäre die Kasseler Studentenwelt ohne das Café Hurricane? Seit Jahrzehnten kommt man hierher, um in aller Ruhe zu frühstücken, sich mit Freunden auszutauschen, etwas zu essen oder zu trinken oder um einfach das bunte Treiben auf der Straße zu beobachten. Das Café Hurricane, oder „Monis Hurricane", wie es bis in die 1990er-Jahre hieß, hat bereits Generationen von Schülern und Studenten gesehen. War es früher eine reine Studentenkneipe, so ist das Publikum mit dem Hurricane auch älter geworden, denn mittlerweile kommen nicht nur die ehemaligen Studenten, sondern auch deren Kinder. Ohne Reservierung am Wochenende noch einen Tisch ergattern zu wollen, ist schon fast unmöglich, denn obgleich das Hurricane in den letzten Jahren dank des wunderbaren Wintergartens noch Plätze hinzugewonnen hat, ist es hier vor allem zur Frühstückszeit und abends richtig voll. Es ist ein beliebter Treffpunkt verschiedenster Altersgruppen und Kulturen in der Nordstadt. Man muss sich nicht verabreden, denn hier trifft man immer jemanden, zu dem man sich setzen oder mit dem man ein Pläuschen halten kann. Die Küche ist mediterran, und dank der türkischen Besitzer gibt es auch großartiges Börek, Falafel oder Cörek Gözleml. Wer Cörek Gözleml noch nicht kennt, sollte es unbedingt probieren: drei verschiedene Fladen, die auf einem heißen Stein zubereitet werden und je nach Geschmack mit Fleisch, Gemüse oder auch vegan gefüllt werden. Hm, eine Gaumenfreude! Doch auch Freunde eines köstlichen und ausgiebigen Frühstücks kommen hier voll auf ihre Kosten! Das Frühstück im Café Hurricane hat Kultstatus und wird in allen Variationen angeboten. Der Renner ist derzeit das „Hurricane de luxe" für zwei Personen. Ein perfektes Geburtstagsgeschenk oder eine Möglichkeit, es sich als Pärchen einmal so richtig gut gehen zu lassen. Also unbedingt ausprobieren, es lohnt sich und ist einfach lecker. Übrigens, auch Spätaufsteher, die sonst das Frühstück gern verpassen, haben hier echt gute Chancen, denn es gibt täglich Frühstück von 9 bis 15 Uhr.

Café Hurricane, Gottschalkstraße 38, 34127 Kassel, Tel. (0 56 1) 89 80 72
www.hurricane-kassel.de
ÖPNV: Straßenbahn 1, 5, RT 1, 4, Bus 100, Haltestelle Halitplatz

7.000 Eichen

37 *Stadtverwaldung statt Stadtverwaltung*

1955 fand die erste documenta in Kassel statt und hat in der Stadt seitdem deutlich sichtbare Spuren in Form von Kunstwerken hinterlassen. Zahlreiche Kunstwerke der documenta-Ausstellungen sind im Kasseler Stadtgebiet zu bewundern und laden die Besucher ein, sich mit der Geschichte der bedeutenden Ausstellung für moderne und zeitgenössische Kunst zu beschäftigen. Es gibt jedoch keine Arbeit, die das Stadtgebiet so verändert hat wie die 1982 von Joseph Beuys initiierte Arbeit „7.000 Eichen". Diese sah nicht nur die Pflanzung von ebenso vielen Bäumen im Kasseler Stadtgebiet vor, sondern auch die Aufrichtung von Basaltstelen neben ihnen. Diese Stelen sollten laut Beuys den Zeitpunkt markieren, von dem an die Menschen begonnen haben, ihr Leben auf die Umgestaltung des gesellschaftlichen Organismus auszurichten. Für Kassel sind sie aber in erster Linie eine sichtbare Bereicherung. Nach dem Zweiten Weltkrieg als autofahrerfreundliche Stadt wiederaufgebaut, präsentierte sich Kassel mit vielen breiten Straßen und ebenso viel Asphalt. Dank Joseph Beuys kam das Grün in die Stadt zurück. Viele Straßen wurden sichtbar aufgewertet, denn von 1982 bis 1987 wurden die 7.000 Bäume im Kasseler Stadtgebiet gepflanzt und die Basaltstelen daneben aufgerichtet. Es sind allerdings nicht wie ursprünglich angedacht 7.000 Eichen gepflanzt worden, sondern verschiedene Baumarten, je nach Standort.
Anlässlich der Eröffnung der documenta 7 im Jahr 1982 hatte Joseph Beuys den ersten Baum vor dem Museum Fridericianum auf dem Friedrichsplatz pflanzen lassen, und es war sein Wunsch, auch den letzten Baum direkt daneben zu pflanzen. Geplant war, diese letzte Pflanzung anlässlich der Eröffnung der documenta 8 im Jahre 1987 vorzunehmen, doch der letzte Baum musste von seiner Witwe und seinem Sohn gepflanzt werden, da Beuys 1986 verstorben war. Dieser letzte Wunsch konnte dem Künstler nicht mehr erfüllt werden, doch Kassel hat ihm eine Menge zu verdanken, sodass viele beim Anblick des Grüns oft an ihn erinnert werden.

www.7000eichen.de

ÖPNV: Straßenbahn 1, 3, 4, 5, 6, 8, RT 1, 4, Haltestelle Friedrichsplatz

Haute Cuisine

38 *Restaurant Voit im Vorderen Westen*

Sven Wolf ist Nordhesse, und so stand für ihn früh fest, dass er hierher zurückkehren würde. Nach der Ausbildung zum Koch ging er längere Zeit ins Ausland und arbeitete dann unter anderem in renommierten Restaurants in Frankfurt und Hamburg. Wieder in Kassel wurde die Eröffnung eines eigenen Restaurants in die Tat umgesetzt, möglichst im Vorderen Westen, denn vor allem in diesem lebendigen Viertel stehen Tische auch draußen, es spielt sich nicht alles im Inneren ab. Als er schließlich sein Wunschobjekt fand, war es noch ein hartes Stück Arbeit, um dahin zu gelangen, wo er heute ist. Das gefundene Objekt stand lange leer, die Fenster waren vernagelt, doch Sven Wolf erzählt, dass er schon bei der ersten Besichtigung eine genaue Vorstellung hatte, wie sein eigenes Lokal aussehen sollte. Er mag es modern, klar, puristisch, aber dennoch einladend, und genau so ist sein Restaurant auch geworden. Und wer meint, dass locker und professionell nicht zusammenpassen, der sollte das Team vom Voit kennenlernen! Es ist faszinierend, Chefkoch Sven Wolf und seiner Küchencrew beim Zubereiten der erlesenen Speisen in der offenen Küche zuzuschauen. Ein 8-Gänge-Menü kostet 110 Euro, doch man kann natürlich auch à la carte wählen. Egal, ob „vorweg", „Einstieg", „dazwischen", „Hauptsache" oder „süß" – beim Lesen der leckeren Gerichte läuft jedem Gourmet bereits das Wasser im Munde zusammen. Leckere Saucen nach französischem Vorbild zubereitet, viel Gemüse und Kräuter, kombiniert mit Fisch oder Fleisch – alles schmeckt vorzüglich. Die Speisekarte wechselt je nach Jahreszeit, doch das Tatar vom Rind mit schwarzem Knoblauch, Himbeeren und Kapuzinerkresse ist oft auf der Karte zu finden. Der Lohn für die ganzen Mühen sind allabendlich ein gut besuchtes Restaurant sowie ein hervorragender Ruf. Wer „Haute Cuisine" und die damit verbundenen Gaumenfreuden erleben möchte, der sollte unbedingt seinen Tisch im Voit reservieren.

Restaurant Voit, Friedrich-Ebert-Straße 86, 34119 Kassel, Tel. (0 56 1) 50 37 66 12
www.voit-restaurant.de
ÖPNV: Straßenbahn 4, 8, Haltestelle Querallee

Erbe der Bundesgartenschau

39 *Die Fuldaaue in Waldau*

Kassel ist eine sehr grüne Stadt, eine Stadt mit großem Naherholungswert. Tatsächlich sind 63 Prozent der Stadtfläche Grünanlagen. Im südöstlichen Teil befindet sich beispielsweise die Fuldaaue, in Kassel aber eher unter dem Namen Bundesgartenschaugelände bekannt. Die Kasseler nennen es liebevoll Buga. Das 34 Hektar große Areal wurde für die Bundesgartenschau 1981 als innerstädtischer Park am östlichen Ufer der Fulda angelegt und gehört zum Stadtteil Waldau. Die gesamte Fläche der Fuldaaue ist Teil des Landschaftsschutzgebietes „Stadt Kassel". Ein kleiner Park, der nicht nur im Sommer, sondern über das ganze Jahr hinweg einen Besuch wert ist. Im Herbst kann man hier Drachen steigen lassen oder Wasservögel beobachten, denn der nördliche Teil des Buga-Sees ist außerdem ausgewiesenes Naturschutzgebiet, um gefährdeten Vogelarten eine Brut- und Raststätte sowie eine Möglichkeit zur Überwinterung zu bieten. Große Liegewiesen und ein frei zugängliches Ufer schenken einem Aufenthalt im Sommer weitere Pluspunkte. An heißen Sommertagen kann man sich in den riesigen Seen erfrischen, Schlauchboot fahren oder sich faul auf einer Badeinsel oder Luftmatratze treiben lassen. Wer gerne schwimmt, kommt voll auf seine Kosten: Hier hat man selbst zu Hochzeiten im Sommer viel Platz! Die Sandstrände sind besonders bei Familien mit Kindern beliebt, und für Freunde der Freikörperkultur gibt es am südwestlichen Ufer sogar einen eigenen Bereich. Das Highlight für Kinder ist sicherlich der große Abenteuer- und Wasserspielplatz mit Klettergeräten, Seilbahn, Karussell und Tischtennisplatte. Was kann es für ein Kind Schöneres geben, als ausgiebig im Wasser zu plantschen, sobald es die Temperaturen zulassen? In der Fuldaaue ist immer etwas los! Selbst wer nicht baden möchte, kann hier wunderbar joggen, angeln, surfen, segeln, Fahrrad fahren, Volleyball oder Fußball spielen. Und wer lieber eine ruhige Kugel schieben möchte, entspannt bei Musik oder einem guten Buch unter einem der alten Bäume. Einfach herrlich!

Fuldaaue, Auedamm 17, 34121 Kassel
www.kassel.de
ÖPNV: Bus 16, Haltestelle Gärtnerplatzbrücke, Bus 12, Haltstelle Messehalle oder Fuldaseen

Schokolade macht glücklich!

40 *Chocolatier Christian Bach*

Glücklich kann sich schätzen, wer einen der begehrten Plätze im Innen- oder Außenbereich der Patisserie von Christian Bach in der Theaterstraße ergattern kann, denn das Café ist längst kein Geheimtipp mehr. Es hat sich herumgesprochen, dass es hier feinste Pralinen, köstliche Trinkschokolade und himmlische Torten gibt. Obgleich Reservierungen lediglich zur Frühstückszeit bis 13 Uhr möglich sind, sitzt eine ältere Dame jeden Nachmittag am selben kleinen Tisch direkt neben dem Eingang. Beim Eintreten winkt sie der Bedienung zu und nimmt Platz. Bestellen muss sie nicht mehr, denn jede Bedienung kennt ihre Wünsche: eine heiße Schokolade, aber nur die mit einem Kakaogehalt von 80 Prozent, sowie ein Stück Hochzeitstorte. Die ältere Dame heißt Maria und erklärt lachend, dass sie die Torte so nenne, da die Füllung aus Vanillecreme und Himbeeren sie an ihren eigenen Hochzeitskuchen erinnere. Ihre Mutter hatte diesen wunderbaren Kuchen 1964 für sie und ihren Mann Karl gebacken. Seit zehn Jahren ist Maria Witwe, doch die Erinnerung bleibt. Sie isst hier selten etwas anderes, was eigentlich schade ist, gibt es doch täglich zwischen achtzehn und zwanzig verschiedene Torten, Tartes oder feinste Pralinen. Der Renner ist im Moment die Nougat Praline mit Fleur-de-Sel. Doch kaum ist sie in der Auslage, ist sie auch schon wieder vergriffen! Stammkunden wissen das und bestellen ihre Lieblingspraline daher gern vor.

Berühmt ist aber auch die Trinkschokolade, die es in fünf verschiedenen Sorten gibt. Egal ob als Schokolade mit einem Kakaogehalt von 40, 70 oder 80 Prozent, als weiße Schokolade oder mit Karamell, sie sind alle köstlich, und wer nicht glaubt, dass Liebe durch den Magen geht, der muss diese Schokoladen einfach probieren. Danach ist jeder in die cremige Flüssigkeit verliebt. Jede Tasse wird individuell zubereitet. Zuerst wird eine Kelle der gewünschten Schokolade einem großen Glas entnommen und mithilfe einer Dampfpflanze (das heißt wirklich so) heiß gemacht. Um sie zu verflüssigen, wird dann erhitzte Milch mit der Schokolade verrührt. Hm, unwiderstehlich und einfach köstlich!

Pâtisserie-Chocolatier-Café Christian Bach, Theaterstraße 1, 34117 Kassel, Tel. (0 56 1) 81 04 37 09
www.patisserie-bach.de
ÖPNV: Straßenbahn 1, 3, 4, 5, 6, 8, RT 1, 4, Haltestelle Friedrichsplatz

Fleur de Sel
Baileys

Schau mir in die Augen

41 *Alpaka-Wanderung im Fuldatal*

Ein peruanisches Sprichwort sagt, man solle nie einem Alpaka in die Augen schauen, da man sich verlieben könne. Elisa und Marcel haben sich bereits vor Jahren verliebt – erst ineinander und dann in die Alpakas, und so sind sie nun stolze Besitzer von sieben Tieren. Wer die lieben Vierbeiner mit den Kulleraugen einmal erlebt hat, der kann das sicherlich verstehen. Die Tiere sind freundlich, umgänglich, überhaupt nicht aggressiv und entgegen allen Behauptungen spucken sie sich, wenn überhaupt, nur gegenseitig an, wenn es gilt, die Hierarchie festzulegen. Allerdings spürt man schnell, dass jeder dieser charismatischen Jungs seinen eigenen Kopf hat. Nachdem den Tieren die Halfter umgelegt werden, geht es auch gleich los – aber gemütlich. Die Wanderung führt zwei Stunden durch das Fuldatal, und rasch stellt sich eine unglaubliche Ruhe ein. Faszinierend wie ein solcher Spaziergang entspannt. Die Tiere sind herrlich unaufgeregt. Bei einer kurzen Pause legen sie sich direkt neben ihren Führer und genießen das trockene Gras.

Trekkingtouren mit Alpakas sind wie ein Kurzurlaub für die Seele. Hier kann man den Alltag vergessen, die Natur sowie die Ausgeglichenheit der Tiere genießen. Seelenruhig traben die Alpakas neben ihren Führern her und schauen sie immer wieder interessiert an. Ja, an dem Sprichwort aus Peru ist was dran, in Hugo, Filou, Nino, Stuart, Kyro, Amaro und Emilio kann man sich nur verlieben. Elisa lacht, denn ihr ging es bei ihrer ersten Begegnung nicht anders, und seitdem verschlingt sie alle Informationen, um mehr über diese Tiere zu erfahren. Alpakas gelten als sanftmütig und werden daher auch gern im Rahmen von Therapien eingesetzt. Durch ihr Wesen können sie bei posttraumatischen Belastungsstörungen, Konflikten oder bei Stress- und Erschöpfungssyndromen helfen. Eine Weiterbildung, die Elisa noch reizen würde, und wenn man sie hier inmitten ihrer Tiere erlebt, dann kann man sich wunderbar vorstellen, dass sie dieses Vorhaben in naher Zukunft auch umsetzen wird.

Fuldatal Alpakas, Elisa Lukas und Marcel Lehmann, Tel. (0 17 4) 6 74 90 94
www.fuldatal-alpakas.de
ÖPNV: Bus 40, Haltestelle Am Hasenstock

Nino

Feinster Apfelgenuss

42 *Sektmanufaktur Döhne in Schauenburg*

Heute dürfen nur Schaumweine aus der Champagne auch Champagner genannt werden, das ist bekannt. Das war nicht immer so. Schon 1820 produzierte Carl Häusler in Niederschlesien den ersten Apfelchampagner. Sein Apfelsekt wurde an europäische Fürstenhöfe geliefert und sogar als „German Champagne Cider" nach Amerika exportiert. Bereits zu dieser Zeit wurde auch in Nordhessen Apfel-Schaumwein im Flaschengärverfahren produziert, und noch heute kann man in der Sektmanufaktur Döhne miterleben, wie Apfel-Schaumwein hergestellt wird. Ein Schaumwein, der dem Original aus der Champagne in nichts nachsteht! Die Produktion erfordert Geduld: Nachdem die Äpfel von Hand verlesen und gewaschen wurden, werden sie in einer Packpresse schonend gepresst. Danach wird der Apfelmost durch Kaltgärung zu Apfelwein vergoren und über Monate „ausgebaut". Auf chemische Verfahren wie Entsäuerung und Schönung wird bewusst verzichtet. Wer Joachim Döhne bei der Arbeit zusieht, merkt schnell, dass er sein Handwerk liebt. Fachkundig und leidenschaftlich erklärt er den anwesenden Gästen in seinem Weinkeller die Herstellungsschritte. Der Molkereimeister stellt für die Verkostung Gläser auf ein Eichenfass und erzählt, dass die Weine aus verschiedenen Apfelsorten zu einem Cuvée zusammengestellt werden. Bevor sie in Flaschen gefüllt werden, versieht man sie mit Zucker und der berühmten Hefe aus Epernay in der Champagne. In der Flasche kommt es nun zu einer zweiten Gärung, die zirka acht Wochen dauert. Nach einer weiteren mehrmonatigen Reifezeit kommen die Flaschen auf das Rüttelpult, wo sie täglich per Hand „gerüttelt" werden. Die abgestorbene Hefe hat sich abgelagert und wird nun Richtung Flaschenhals gerüttelt, indem die Flaschen täglich um eine Achteldrehung bewegt werden. Schließlich stehen die Flaschen senkrecht nach unten geneigt im Rüttelpult. Nach dem Entfernen der Champagnerhefe kann der Schaumwein genossen werden. Die Herstellung braucht Zeit und Fachwissen, und wer diesen köstlichen Tropfen probieren durfte, wird feststellen, dass sich alle Mühen gelohnt haben.

Brennerei & Sektmanufaktur Döhne, Hauptstraße 31, 34270 Schauenburg-Breitenbach, Tel. (0 56 01) 44 86
www.kellerei-doehne.com

ÖPNV: Bus 52, Haltestelle Niedensteiner oder Korbacher Straße

10 % vol
0,75 l
enthält Sulfite
L-B 3-19
handgerüttelt
Apfel-Schaumwein trocken
Hersteller: Joachim Döhne (Tel. 05601/4486) in D-34270 Schauenburg
Kalligraphie und Zeichnung: Albert Schindehütte

Stars von morgen

43 *ITF World Tennis Tour in Kassel Wilhelmshöhe*

Es ist eine Tennisanlage mit langer Geschichte. Hier auf den Plätzen des KTC Bad Wilhelmshöhe am Rande des Bergparks spielten bereits die Söhne des Kaisers, denn die Familie war jährlich für viele Wochen zu Gast auf der Wilhelmshöhe! Heute spielen hier zwar keine Prinzen mehr, doch seit über zwanzig Jahren treffen sich im Juli die Stars von morgen und kämpfen um Preisgeld und Weltranglistenpunkte. Teilnehmen darf jeder, der in der Weltrangliste zwischen den Plätzen 200 bis 500 zu finden ist.

Allein das Ambiente dieser Spiele ist unschlagbar, denn es ist mit Sicherheit das einzige Weltranglistenturnier, das inmitten eines Weltkulturerbes, dem Bergpark, stattfindet. Bei den Wilhelmshöhe Open, dem höchstdotierten Herren-Turnier Deutschlands im Rahmen der ITF World Tennis Tour, kämpfen 32 Teilnehmer um den Einzug in die Hauptrunde. Ambitionierte Nachwuchshoffnungen, oft mit einer Wildcard in das Feld gerutscht, treffen auf hochkarätige Spieler aus aller Welt. Eine ganze Woche lang kann man hier Tennis auf höchstem Niveau sehen, und viele meinen zu Recht, dass die Qualität der Spiele von Jahr zu Jahr zunimmt. Die Spieler schätzen den fast familiären Charakter und die professionelle Organisation. Die Kartenpreise sind moderat, die Spiele erstklassig, und egal, wo man sitzt, man hat einen tollen Blick auf das Geschehen. Viele der Spieler sitzen nach ihrem Match inmitten der Zuschauer und sehen den Kontrahenten bei ihrem Spiel zu, fiebern mit, fachsimpeln mit den Zuschauern. Es ist diese Kombination aus hochkarätigem Sport und herrlicher Atmosphäre, die dieses Turnier in Kassel zu etwas ganz Besonderem macht. Und das wissen auch die Sportler, denn ein dicker Ordner zeigt alle Dankesbriefe und E-Mails. Doch selbst der Turnierdirektor ist gerührt, als einer der Spieler kurz vor seiner Abreise eine große Torte vorbeibringt, um sich gebührend zu bedanken. Viele der Spieler, die hier in Kassel von sich reden machen, mischen kurz darauf auch bei großen Turnieren ganz vorne mit. Doch so nah wie hier in Kassel kommt man an die Stars von morgen selten heran!

Kasseler Tennisclub Bad Wilhelmshöhe e. V., Burgfeldstraße 2a, 34131 Kassel, Tel. (0 56 1) 3 95 35
www.wilhelmshoehe-open.de

ÖPNV: Straßenbahn 1, Endstation Wilhelmshöhe/Park

PEUGEOT
Sparda-Bank
www.sparda-hessen.de
Glinicke | Kassel
PEUGEOT
Dr. Schumacher
Desinfektion, Hygiene und Pflege

Kasseler Badekultur

44 *Bademuseum im Kurbad Jungborn*

Mit dem Kurbad Jungborn hat Kassel ein in Deutschland fast einmaliges Zeugnis der Badegeschichte. Das kleine Gebäude befindet sich nahe der Drahtbrücke am Fuldaufer der Kasseler Unterneustadt. Es ist das einzige Gebäude auf der Ufermauer, das bei der schrecklichen Bombardierung Kassels am Abend des 22. Oktober 1943 nicht zerstört wurde. Deshalb steht das Kurbad heute unter Denkmalschutz und wurde dank des Fördervereins Kulturdenkmal Kurbad Jungborn aufwendig saniert und für seine jetzige Nutzung als Bademuseum und Café hergerichtet. Das war ein Riesenglück, denn das Kurbad Jungborn ist der älteste noch existierende Kasseler Badeort, der an lebendige und gesellige Zeiten an und in der Fulda erinnert. Das liebevoll eingerichtete Museum erzählt die wechselhafte Geschichte des Kurortes als Teil eines Flussbades im 19. Jahrhundert, als Reinigungsstätte ab 1872 und später als ein medizinisches Bad im 20. Jahrhundert. Die Historie des hübschen Bades ist noch überall am und im Gebäude sichtbar. Ein Besuch des Museums lohnt sich also! Die Ausstellung ist in vier Bereiche aufgeteilt und zeigt die Entwicklung der verschiedensten Badeeinrichtungen Kassels über die Jahrhunderte: die Flussbäder, die städtischen Freibäder, die Hallenbäder sowie die öffentlichen und privaten Reinigungsbäder. Faszinierend ist außerdem die Dokumentation der Geschichte des Gebäudes. Fantastische großformatige Bilder zeigen die Kasseler Flussbäder. Für die Darstellung über die Entstehung der Reinigungsbäder wurde eine Kabine des alten Kurbades Jungborn restauriert und in den Urzustand versetzt. Zu sehen sind aber auch ein privates Badezimmer aus den 1930er-Jahren und zahlreiche interessante Gegenstände und Zubehör aus dem Badebereich. Das Museum kann von Mitte März bis Ende Dezember mittwochs bis sonntags von 14 bis 19 Uhr kostenlos besichtigt werden. Doch freuen sich die Betreiber dieses tollen Projekts über eine unterstützende Spende, um auch in Zukunft weiteren Besuchern die Badekultur Kassels näherzubringen.

TIPP Es gibt ein kleines Café mit wundervoller Außenterrasse! Kaffee und Kuchen sind lecker, der Ausblick grandios!

Kurbad Jungborn, Sternstraße 20, 34123 Kassel
www.kurbad-jungborn.de
ÖPNV: Bus 16, Haltestelle Orangerie, Straßenbahn 4, 8, Bus 10, 17, 32, 37, Haltestelle Unterneustädter Kirchplatz

KURBAD
JUNGBORN
Frettchen

Märchen in neuem Gewand

45 *Brüder Grimm Festival im Park Schönfeld*

Jedes Jahr in den hessischen Sommerferien entsteht im südlichen Teil von Park Schönfeld eine Märchenwelt. Seit 2008 findet in Kassel das Brüder Grimm Festival statt, dessen Tickets sehr begehrt sind, die Vorstellungen fast immer ausverkauft. Wer einmal dabei war, der weiß auch, warum, denn der Ort sowie die Atmosphäre sind wahrlich märchenhaft! Inmitten der Stadt und doch im Grünen wird jährlich eine Seebühne aufgebaut, die Zuschauertribüne für gut 400 Gäste ist in den Hang integriert. Acht professionelle Musicaldarsteller sowie vier Musiker nutzen ihre eigentlich engagementfreie Zeit, um hier in Kassel jährlich ein Märchen als Musical aufzuführen. Start ist immer am ersten Donnerstag der Sommerferien, und am Sonntag vor Schulbeginn fällt der Vorhang. Es ist ein Ambiente, das sicherlich auch den Brüdern Grimm gut gefallen hätte, waren sie doch selbst oft zu Gast in diesem Park. Sie besuchten regelmäßig Kurfürstin Auguste in der Augustenruh, dem heutigen Schlösschen Schönfeld, trafen sich hier mit ihren Freunden Achim und Bettina von Arnim sowie Clemens Brentano. Die Organisatoren des Brüder Grimm Festivals haben somit einen wahrhaft authentischen Ort gefunden, um die Grimm'schen Märchen in neuem Gewand zu zeigen. Ein kleiner Märchenpark, bestehend aus hübschen Holzhütten, wie sie auch auf dem Weihnachtsmarkt zu finden sind, bietet leckere Snacks und Getränke, die vor den Hütten aufgestellten Tische und Stühle laden zum Verweilen und Genießen ein. Wenn dann um 19.30 Uhr die Vorstellung beginnt, senkt sich eine erwartungsfreudige Stille über den See, bevor die Stimmen der Sänger erklingen und das gezeigte Märchen neu interpretieren. Mitten in der Natur kann es auch schon mal passieren, dass die Enten des Sees um die Darsteller herumschwimmen und immer dann, wenn es am wenigsten passt, laut zu schnattern anfangen. Vielleicht ist es aber auch genau die Kombination aus Darbietung und Ambiente, die diese Abende zu etwas ganz Besonderem macht.

TIPP Im Kindertheaterzelt finden drei Mal pro Woche Aufführungen statt.

Brüder Grimm Festival, Park Schönfeld, Seebühne/Schönfelder Märchenteich, Frankfurter Straße, 34121 Kassel
www.brueder-grimm-festival.com

ÖPNV: Straßenbahn 5, 6, Haltestelle Park Schönfeld, RT 5, Bus 10, 12, 13, 16, 25, 500, Haltestelle Auestadion

Ohne Kaffee? Ohne mich!

46 *Kaffeerösterei Kühn & Carter in Bettenhausen*

Am Eingang riecht es herrlich nach Kaffee. Und über dem großen Regal mit den gut vierzig Kaffeesorten fällt ein Spruch direkt ins Auge: „Ohne Kaffee? – Ohne mich!“ So geht es sicherlich vielen Besuchern, denn Kaffee gehört zu den liebsten Getränken der Deutschen. Guten Kaffee zu bekommen ist gar nicht so leicht, doch es gibt auch in Kassel immer mehr Kaffeeröstereien. Eine davon befindet sich hier im Stadtteil Bettenhausen: die Kaffeerösterei Kühn & Carter. Angefangen hat alles vor einigen Jahren mit der ersten Kaffeeröstung in einer Garage, doch seitdem ist viel passiert. Die Qualität der Kaffeesorten von Kühn & Carter hat sich herumgesprochen und wird mittlerweile auch in ganz Nordhessen sowie Niedersachsen in einigen Supermärkten angeboten. Besonders beliebt sind die „Kasseler Milde“ sowie der „Kasseler Genuss“, doch Fußballfans nehmen auch gern den „Kasseler Kick“, auf dem das Logo des KSV Hessen zu sehen ist. Während sich Dieter Kühn um die Rösterei und somit um alles Technische kümmert, wirbelt Alexandra Carter durch den Verkaufs- und Gastraum. Hier ist sie in ihrem Element und begrüßt viele Kunden bereits mit Namen. Ja, die Stammgäste kommen gern hierher, um bei einer guten Tasse Kaffee zu verweilen. Außer Alexandra ist auch Swetlana hinter dem Verkaufstresen zu finden. Ihre Leidenschaft sind Motivtorten, die von den Kunden gern bestellt werden. Lächelnd erzählt sie von Peter, der eine Torte bestellt hat, um seiner Traumfrau Lisa einen Heiratsantrag zu machen. Die beiden sind Stammgäste und kommen mehrmals die Woche auf einen Kaffee vorbei. An diesem Freitag sitzen sie mit den Eltern an ihrem Lieblingstisch, als Swetlana die von Peter in Auftrag gegebene Torte auf den Tisch stellt. Auf der Torte steht Lisas Name, doch ihr Nachname ist durchgestrichen, darunter steht Peters Nachname. Lisa braucht einen Augenblick, um zu verstehen, doch dann umarmt sie Peter und sagt unter Tränen „Ja“. Bei Kaffee, Kuchen und Sekt wird gefeiert … Liebe geht eben doch durch den Magen!

Kaffeerösterei Kühn & Carter, Lilienthalstraße 1, Halle 22, 34123 Kassel, Tel. (0 56 1) 20 23 00 64
www.kaffee-kassel.de
ÖPNV: Bus 10, 17, Haltestelle Lilienthalstraße

FILTER-KAFFEE 1,80 2,40 Latte Macchiato doppl.Esp. 3,-
CAFE CREME 2,- 2,40 Latte Caramel 3,50
ESPRESSO 1,50 2,- Schokomania 3,-
RISTRETTO 1,50 2,- IRISH COFFEE 4,00
MILCHKAFFEE - 2,50 LATTE BAILAYS 3,-
LATTE MACCIATO - 2,50 LATTE EIERLIKÖR 3,50
CAPPUCCINO 2,- 2,50 Sirup/FLAVOUR -,50
EPAL
EPAL

Im Einklang mit der Natur

47 *Unteres Firnsbachtal*

Einfach mal spazieren gehen oder die Wanderschuhe schnüren und Nordhessen entdecken. Hier gibt es wundervolle Buchenwälder, Steinformationen, Wasserwege, Berge und Täler. Und auf jeden Fall ein gut ausgebautes und beschildertes Wegenetz, daneben besondere Kultur- und Themenwanderwege. Von leicht über mittel bis anspruchsvoll sind die Wege ausgewiesen, einige sind besonders für erfahrene Wanderer geeignet, wenn sie über mehrere Tage wandern wollen. Eines haben diese Wege jedoch alle gemein: Sie führen durch eine traumhafte Natur und bieten immer wieder grandiose Ausblicke. Manchmal öffnet sich unvermittelt die Landschaft und lässt den Naturfreund sprachlos vor so viel Schönheit innehalten. Kassel Steig, Grimm Steig oder der Habichtswaldsteig sind einige der bekanntesten Wege. Doch ganz gleich auf welchem Weg, es bietet sich immer eine Gelegenheit durchzuatmen, den Stress abzuschütteln oder einfach nur zu genießen. Der Habichtswaldsteig führt unter anderem durch das untere Firnsbachtal, durch eine Art Klamm, vorbei an spektakulären Basaltformationen. Die moosbehafteten Steine sind hier so atemberaubend angeordnet und aufgeschichtet, dass es kaum verblüffen würde, wenn eine durch die Märchen der Brüder Grimm bekannte Gestalt unvermittelt dazwischen auftauchen würde. Hinzu kommt das herrliche Lichtspiel, wenn die warmen Sonnenstrahlen das dichte Laubwerk durchdringen und auf dem Wasser tanzen. Es ist nicht selten, dass Rehe im Wald zu sehen sind oder auch Hasen und Füchse den Weg kreuzen. Wer hier unterwegs ist, kann sich entspannen und auf das Wesentliche konzentrieren. Fern der breiten Wege und übrigen Spaziergänger trifft man hier nur wenige Menschen: ein märchenhaftes Ambiente. Der Weg führt immer an einem kleinen Wasserlauf entlang, über alte Brücken, bergauf und bergab. Ein Spaziergang durch das Firnsbachtal ist eine Reise in eine andere Welt!

Habichtswald/Unteres Firnsbachtal

ÖPNV: Bus 22, Haltestelle Am Ziegenkopf, Bus 52, 53, 59, Haltestelle Elgershausen/Firnsbachtal

Von wegen Abstellgleis

48 *Café Bahnhof in Fürstenwald*

Das beschauliche Haus steht etwas abseits, und schon von Weitem kann man die Gleise dahinter sehen, doch ansonsten erinnert kaum noch etwas an den früheren Bahnhof. In den 1980er-Jahren wurde das Haus von Familie Klose gekauft und zu einem behaglichen Wohnhaus umgestaltet. Folglich war die alte Wartehalle jahrzehntelang das Wohnzimmer der Familie, doch nach dem Auszug der Kinder war das Haus für Kordula Klose einfach zu groß. Nichtsdestotrotz war da noch die große Werkstatt, das Herzstück des Anwesens, in der die Künstlerin vor allem mit Metall arbeitet. Und der etwas verwilderte, aber liebevoll dekorierte Garten, der vor allem mit fertigen Metallobjekten glänzte, die auch käuflich erworben werden konnten. Das alles aufzugeben kam nicht infrage, und so war in Gesprächen mit Freunden 2004 schnell klar, dass in das Wohnhaus ein Café integriert wird. Seitdem wohnt die Familie in der oberen Etage, und die komplette untere Etage steht den Gästen zur Verfügung. So wurde aus dem Wohnzimmer ein Gastraum mit einem großen, warmen Kachelofen. Es gibt ebenso einen kleinen Laden, in dem man Karten und Bücher kaufen kann und auch leckeren selbst gebackenen Kuchen. Kordula Klose verarbeitet jegliches Obst, das sie bekommen kann und das ihr oft sogar Nachbarn aus dem Dorf in Tüten an die Tür hängen, oder was die Jahreszeit gerade anbietet. Doch nicht nur zum Kaffeetrinken kommen die Menschen in den alten Bahnhof, sondern auch, um Bilder oder Skulpturen zu erwerben, denn an den Wänden sind regelmäßig Werke namhafter Künstler zu bewundern. Über die Jahre ist der Bahnhof so zu einem Ort der Kunst, Kultur, Workshops und Feste geworden. Oft bietet die ehemalige Wartehalle den perfekten Rahmen für politisch brisante Themen, Diskussionen oder Lesungen. Wenn Kordula Klose vom Free Jazz erzählt, dann fangen ihre Augen an zu leuchten. Die Musiker kennen sie und kommen gern in den alten Bahnhof, genau wie die vielen Stammgäste, die dann das Café, das für diesen Zweck ausgeräumt wird, in einen Tanzsaal verwandeln.

Café Bahnhof Fürstenwald, Bahnhofstraße 34, 34379 Calden, Tel. (0 56 09) 20 95

ÖPNV: Bus 46, 133, N 49, RT 4, Haltestelle Fürstenwald Bahnhof

Sommerabende an der Fulda

49 *Kulturzelt an der Fulda*

Natürlich ist es immer schöner, wenn man zu zweit oder gar in einer größeren Gruppe ausgehen kann, doch vor allem im Sommer ist es in Kassel überhaupt kein Problem, auch spontan allein loszuziehen. Es findet sich garantiert ein Freund, Verwandter oder Bekannter am Ufer der Fulda, wenn das Kulturzelt wieder für sechs Wochen das kulturelle Leben der Stadt Kassel bereichert. Die mobile Konzerthalle hat einen Arenacharakter, verfügt über eine exzellente Technik und wird je nach Konzert komplett oder teilweise bestuhlt. Bei der Musikauswahl wird darauf geachtet, dass für jeden Geschmack etwas dabei ist. Selbst Kinderkonzerte sind im Programm. Seit über dreißig Jahren ist das Kulturzelt eine feste Institution in Kassel und der Besuch des wundervollen Biergartens ein absolutes Muss. Rund um das Zelt stehen Tische und Bänke und bieten Platz für gut 1.000 Besucher. Egal, ob man eine Eintrittskarte hat oder nur ein Gläschen genießen möchte, hier kann man herrlich verweilen. Auch wenn viele Menschen anzutreffen sind, ist die Atmosphäre entspannt, nicht hektisch oder laut. Bei den Konzerten dringt immer wieder Musik nach draußen, man hört die Begeisterung der Besucher, das euphorische Klatschen. Bei einem Auftritt von Olli Schulz bemerkte dieser kurz vor Ende, dass gut 200 Besucher im hinteren Teil des Zelts nicht nur auf Stühlen, sondern auch auf farbigen Kissen saßen. Spontan forderte er sie auf, die Kissen auf die Bühne zu werfen. Das ließen sich die Zuschauer nicht zweimal sagen, und prompt flogen die Kissen kreuz und quer durch das Zelt. Es folgte eine herrliche Kissenschlacht, wie man sie bei einem solchen Konzert wohl eher nicht vermutet hätte. Egal, ob Jung oder Alt, alle machten mit, und schließlich fiel Olli Schulz erschöpft, aber lachend auf der Bühne auf einen riesigen Kissenhaufen. Es sind solche Erlebnisse, die das Kulturzelt zu etwas Besonderem machen. Die Künstler sind hier ganz nah dran, und nach dem Konzert auch nicht selten noch im Biergarten oder in der Stadtmitte anzutreffen.

Kulturzelt, Auedamm 2, 34121 Kassel
www.kulturzelt-kassel.de
ÖPNV: Bus 16, Haltestelle Orangerie

50 *Ayurveda-Behandlungen in Wilhelmshöhe*

Was gibt es Schöneres als eine Massage, um die Hektik des Alltages, die Anspannung, aber auch den Stress hinter sich zu lassen? Warum nehmen wir uns nicht viel öfter ein bisschen Zeit, um bewusst den Akku aufzuladen, Kraft zu tanken und die Seele baumeln zu lassen? Es muss nicht immer schneller und spannender, oder adrenalingeladen sein. Sollte es nicht eher darum gehen, die eigene Zeit bewusst zu genießen, in sich hineinzuhören, runterzukommen? Wer das sucht, der sollte sich eine Ayurveda-Behandlung gönnen, sich massieren und verwöhnen lassen. Angebote an Massagen gibt es wie Sand am Meer, doch natürlich gibt es große Unterschiede. In der ayurvedischen Medizin ist die persönliche Konstitution des Menschen der Ausgangspunkt für alle Behandlungen. Diese Konstitution, auch Prakruti genannt, drückt sich als individuelle Ausprägung der drei Doshas, der Bioenergien oder Lebenskräfte, Vata, Pitta und Kapha aus. Jeder Mensch verfügt seit seiner Geburt über diese unveränderliche Konstitution, die übrigens auch gern Ayurveda-Typ genannt wird. Folglich wird vor der Massage erst der Typ bestimmt, denn je nach Ayurveda-Typ werden ganz unterschiedliche Öle für die jeweilige Massage gekocht.
In Kassel gibt es bereits seit über dreißig Jahren eine Naturheilklinik auf der Wilhelmshöhe, vor gut zwanzig Jahren wurde das Angebot um Ayurveda-Anwendungen erweitert. Es klingt fast banal, aber es ist so wichtig: Die Patienten sollen nicht nur gesund werden, sondern vor allem auch bleiben! Daher wird jede Anwendung auch von einem Arzt begleitet, der den Ayurveda-Typ bestimmt, damit das richtige Öl ausgewählt werden kann. Wenn dann die Massage beginnt, wird abgeschaltet, und vor allem richtig entspannt. Wer einmal eine solche Massage genießen durfte, wird sie nie wieder missen wollen! Für das Gespräch mit dem Arzt, die Massage sowie die Entspannungsphase sollten gut zwei Stunden eingeplant werden – eine herrliche Pause vom stressigen Alltag, die unbedingt zu empfehlen ist!

Ayurveda Klinik, Wigandstraße 1, 34131 Kassel, Tel. (0 56 1) 31 08 99
www.ayurveda-klinik.de
ÖPNV: Straßenbahn 1, Endstation Wilhelmshöhe/Park

Zu Gast in der Türkei

51 *Istanbul Bäckerei in Bettenhausen*

Wenn man von Istanbul spricht, dann denken viele zu Recht an eine wundervolle Stadt am Nordufer des Meeres Marmara auf beiden Seiten des Bosporus. Istanbul ist sowohl auf dem europäischen wie auch auf dem asiatischen Festland beheimatet. Und so wie die Stadt zwei Gesichter hat, so präsentiert sich auch die Istanbul Bäckerei in Bettenhausen. Schon beim Eintreten riecht es köstlich, und das Auge wandert in der Auslage von Baklava zu Sekerpare und Tulumba, zu Pide, Börek, Lavash, Acma und Poaca. Im Hintergrund in großen Körben sind wiederum typisch deutsche Brötchen, Roggen- und Weißbrot zu sehen. Türkische und deutsche Spezialitäten warten hier auf die Kundschaft. Im Stadtteil Bettenhausen ist die Bäckerei Istanbul schon längst kein Geheimtipp mehr. Zentral am Leipziger Platz gelegen, kommen hierher nicht nur zahlreiche Stammgäste, sondern auch viele, die die türkischen und deutschen Gaumenfreuden von Bäckermeister Murat Gülen probieren wollen. Wer ihn sieht oder mit ihm spricht, der merkt schnell, dass er hier in seinem Element ist. Er freut sich, wenn er die Gäste vor der großen Auswahl stehen sieht. Die freundliche Bedienung wartet, bis der Kunde sich entschieden hat, auch wenn das bei Neukunden durchaus mal etwas länger dauern kann. Faszinierend auch der Sprachenmix. Wurde eben noch jemand in deutscher Sprache bedient, so wird auch spontan ins Türkische gewechselt. So international wie das Sortiment sind also auch die Besucher, obgleich Murat Gülen erzählt, dass die meisten Kunden tatsächlich Deutsche sind. Egal, ob zum Frühstück oder zum Mittagessen, hier in der Istanbul Bäckerei ist immer etwas los. Während die süßen Spezialitäten wie Baklava, Sekerpare oder Tulumba von einem befreundeten Kollegen aus Köln geliefert werden, ist Murat Gülen täglich ab 3 Uhr in der Backstube zu finden, um die herzhaften Köstlichkeiten frisch zuzubereiten. Die Bäckerei öffnet täglich um 6.30 Uhr und dann warten auch schon die ersten Kunden, um hier zu frühstücken und einzukaufen.

Istanbul Bäckerei, Ochshäuser Str. 1, 34123 Kassel, Tel. (0 56 1) 70 55 84 96
ÖPNV: Straßenbahn 4, 8, Bus 29, Haltestelle Leipziger Platz

Kassel Huskies!

52 *Eishockey in der Südstadt*

Der Heuboden bebt, und dabei sind die Spieler noch gar nicht richtig auf dem Eis! Der Heuboden, das ist die Stehtribüne der echten Husky-Fans. Die Mitglieder der diversen Fanclubs geben den Takt an, denken sich Choreographien aus, sorgen für sensationelle Stimmung in der Halle. Die übrigen Zuschauer danken es ihnen – singen, klatschen und skandieren tatkräftig mit, wenn die Eishockey-Spieler der Kassel Huskies über das Eis flitzen. Die echten Fans sind alle in den Vereinsfarben Blau-Weiß gekleidet. Da sitzen die Kleinsten mit Kopfhörern, um die Ohren zu schützen, neben Eltern und Großeltern. Hier in der Eissporthalle sind alle Generationen vertreten. Unten auf dem Eis geht es nicht minder heiß her, obgleich die Temperaturen in der Halle eher frösteln lassen. Eishockey in Kassel, das ist eine echte Liebe. 6.100 Zuschauer fasst die ehrwürdige Eissporthalle aus den 1970er-Jahren. Für Eishockey ist die Halle geradezu prädestiniert, denn durch ihre Bauweise gibt es eine besondere Akustik. Es ist laut, sehr laut! Die Zuschauer hören das Kratzen der Kufen, sie leiden mit den Spielern, wenn diese gegen die Bande fliegen, halten die Luft an, wenn der Puck in Richtung Tor geschlagen wird.

Seit Gründung der Deutschen Eishockey Liga im Jahr 1994 ist Kassel im Eishockey-Fieber, obgleich Nordhessen ja nun nicht die klassische Eishockey-Region ist. Natürlich gab es auch beim Verein der Schlittenhunde Aufs und Abs, doch das tut der Begeisterung der Kasseler für ihre Jungs keinen Abbruch. Egal, in welcher Liga die Huskies spielen: Die Fans sind mit dabei! Nach einer Insolvenz mussten sich die Huskies wieder von unten nach oben kämpfen, doch selbst bei Spielen in den untersten Klassen war die Halle voll, die Stimmung fantastisch. Einige Mannschaften haben gar auf ihr Heimrecht verzichtet, um vor der Kasseler Kulisse spielen zu können. Das Team ist international, doch es sind auch immer echte Kasseler Jungs im Team zu finden, denn die Jugendarbeit ist seit vielen Jahren großartig. Und wenn es dann auch noch ein Kasseler Junge ganz nach oben schafft, dann kennt die Begeisterung keine Grenzen …

Kassel Huskies, Eissporthalle, Am Auestadion 1, 34121 Kassel
www.kassel-huskies.de
ÖPNV: Straßenbahn 5, 6, Bus 10, 12, 13, 16, 25, 500, RT 5, Haltestelle Auestadion

Die Waldecker Angriffsreihe gegen den Durst!
WALDECKER
HOLZBAU SCHADE
EAM
EAM
köhler
Stella
EXTRA TIP
WALDHOFF
UNSERE STRATEGIE:
WEGPUTZEN
KASSELER BANK
Eiszeit in der Firmenkasse!
Sparda-Bank
Sparda-Bank
www.sparda-hessen.de

Schrill und bunt

53 *Connichi im Kongress Palais Kassel*

Jedes Jahr im September ein tolles Spektakel! Kassel verwandelt sich in eine schrille, bunte und geradezu exotische Stadt, wenn Tausende zur größten Connichi-Messe nach Kassel strömen. Connichi ist eine jährlich stattfindende, dreitägige Anime-Convention, die vom Verein Animexx veranstaltet wird. Sie ist die größte ausschließlich ehrenamtlich organisierte Anime- und Manga-Veranstaltung im deutschsprachigen Raum und findet seit 2003 im Kongress Palais Kassel statt. Das Fest erfreut sich seit Jahren großer Beliebtheit, und so zählt dieses fantastische Event jährlich gut 30.000 Besucher. Das Programm ist so abwechslungsreich und farbenfroh wie die Kostüme der Besucher, denn es umfasst unter anderem ein japanisches Festival mit Feuerwerk, einen Flohmarkt, einen Markt für Zeichner, Go- und Sammelkarten-Bereiche sowie zahlreiche Wettbewerbe, beispielsweise einen Contest in Videospielen, einen Poetry Slam, einen legendären Nudelschlürfwettbewerb und den ältesten deutschen Anime-Music-Video-Wettbewerb. Seit 2005 ist die Connichi zudem Austragungsort für den deutschen Vorentscheid des internationalen Cosplay-Wettbewerbs World Cosplay Summit, dessen Finale jährlich im japanischen Nagoya veranstaltet und übertragen wird. Beim Cosplay werden überaus fantasievolle Kostüme von Fans meist auf Conventions getragen, die die Cosplayer oftmals in mühevoller Handarbeit selbst herstellen. So auch Jonina aus Reykjavik und Kristina aus Kassel, die als Mond- und Meergöttin einfach hinreißend aussehen. Das Kostüm von Kristina ist dabei so aufwendig, dass ihre Freundin Johanna immer dabei ist und Hand anlegt, wenn das Kostüm richtig gelegt werden muss. Es macht Spaß an diesen Tagen der Connichi durch Kassel zu spazieren, denn in der ganzen Stadt sieht man ausschließlich fröhliche Gesichter. Wo man geht und steht, scheinbar allerorts klicken Fotoapparate. Die Stimmung ist ausgelassen, und es macht einfach Spaß, sich mitten ins Getümmel zu stürzen und die prächtigen Kostüme und dargestellten Charaktere zu bewundern.

Kongress Palais Kassel, Holger-Börner-Platz 1, 34119 Kassel
www.connichi.com
ÖPNV: Straßenbahn 4, Haltestelle Kongress Palais

Almidylle im Habichtswald

54 *Herbsthäuschen Kassel*

Die Kasseler lieben das Herbsthäuschen, das seinen Namen der Flurbezeichnung „Kleines Herbsthaus“ verdankt. Auch wenn der Name etwas anderes vermuten lässt, das Herbsthäuschen ist zu jeder Jahreszeit einen Ausflug wert. Vom Parkplatz läuft man noch zirka 1,2 Kilometer, um das Herbsthäuschen inmitten des Habichtswaldes zu erreichen. Um es vorwegzunehmen: Es lohnt sich. Das urige, aus hellem Holz erbaute Gasthaus hat wundervolle lichtdurchflutete Innenräume, die von drei mitten im Haus stehenden Buchen getragen werden. Im Sommer laden die großen und geschützten Sonnenterrassen bis zum Sonnenuntergang zum Verweilen ein. Der herrliche Waldbiergarten bietet einen atemberaubenden Panoramablick in die schöne Landschaft. Und spätestens wenn die Kühe zum Weiden auf die steile Wiese kommen, ist die Illusion vom „nordhessischen Alm-Feeling“, wie Inhaberin Heike Röhl-Elsner gern sagt, perfekt. Das kulinarische Angebot orientiert sich neben nordhessischen Spezialitäten auch an der alpenländischen Küche, denn es gibt Vesperplatten, Radibrot, Kaiserschmarrn, Almkäse-Apfelsalat mit knuspriger Brezel oder aber, je nach Saison, deftigen Allgäuer Zwiebelrostbraten vom Rind mit leckeren Krautspätzlen. Zu empfehlen sind auch die hausgebackenen Kuchen und frischen Waffeln. Wen wundert es also, dass die Kasseler nach einem Spaziergang gern einen Einkehrschwung üben und es sich so richtig gut gehen lassen? Besonders beliebt ist das Herbsthäuschen im Winter und zur Weihnachtszeit. Wer hier mit der Familie oder der Firma die Weihnachtsfeier abhalten möchte, der muss rechtzeitig reservieren, denn die Nachfrage ist groß. Zu Recht, denn was kann es Schöneres geben, als nach einer Fackelwanderung durch den verschneiten Habichtswald im weihnachtlich beleuchteten Herbsthäuschen einzukehren und mit Familie oder Freunden den Abend zu genießen? An Wochenenden werden auch auf der Außenterrasse warme Speisen und Getränke an Feuertischen angeboten, sodass man sich hier eine kurze Auszeit vom Schlitten- oder Skifahren nehmen kann.

TIPP Wer schlecht zu Fuß ist, kann per Anruf den Shuttlebus von den Parkplätzen Ziegenkopf und Kletterpark nutzen.

Herbsthäuschen, Ehlener Straße 17, 34131 Kassel, Tel. (0 56 1) 3 88 82
www.herbsthaeuschen.de

55 *Fliegende Köche im Lutherturm*

Die Lutherkirche ist die einzige Kirche Kassels, deren Turm im Zweiten Weltkrieg verschont wurde. Das nach Martin Luther benannte und 1897 eingeweihte Gotteshaus in der Kasseler Innenstadt ist heute mit 76 Metern das höchste Gebäude der Stadt. Ein imposanter schlanker Turm, der seit einigen Jahren eine ganz wunderbare neue Nutzung erfährt. Christoph Brand ist einer der prominenten Köche Deutschlands und nicht nur in Nordhessen für sein Catering bekannt. Als „fliegende Köche" sind er und sein Team in Deutschland für namhafte Firmen, Stars, Events, aber natürlich auch für Privatpersonen, im Einsatz, um sie kulinarisch zu verwöhnen. 2016 haben die fliegenden Köche den Lutherturm für sich entdeckt. Ein einzigartiger Ort mit traumhaftem Ambiente! Melanie und Thomas haben lange gesucht, um eine außergewöhnliche Location für ihre Hochzeit zu finden. Sie erzählen, dass schon beim Eintreten in den Lutherturm für beide klar war, dass ihre Hochzeit genau hier gefeiert werden soll. Schnell sind sie sich mit Christoph Brand und seinem Team einig geworden und feiern hier an einem Samstag im August ihre Hochzeit. Eine intime Feier mit gut zwanzig Gästen, die bei der Ankunft vom strahlenden Brautpaar im Turm begrüßt werden. Staunend und fast ehrfurchtsvoll betreten auch die Gäste den Raum, lassen sich an den Tischen links und rechts an der Wand nieder oder stellen sich an die Stehtische in der Mitte des Raums. Noch ist der Raum etwas dunkel, doch dann wird auf der Rückseite des Turms ein Rollladen geöffnet, und sofort ist der Innenraum von Licht durchflutet. Eine kurze Ansprache, dann können die Gäste an diesem herrlichen Sommertag vor dem Turm an einer prächtig eingedeckten Tafel Platz nehmen und es sich richtig gut gehen lassen. Egal ob Kochkurse, Privatfeiern oder Firmen-Events, hier in den beiden Gasträumen des Lutherturms, ist alles zu bekommen. Es sind kleine aber feine Räume, die entsprechend den Feiern von den fliegenden Köchen wundervoll in Szene gesetzt werden.

Fliegende Köche by Christoph Brand im Lutherturm, Lutherplatz 6, 34117 Kassel, Tel. (0 56 1) 9 88 53 00
www.fliegende-koeche.de
ÖPNV: Straßenbahn 7, Haltestelle Lutherplatz

Zeugnis einer großen Liebe

56 *Saskia Uylenburgh im Schloss Wilhelmshöhe*

Es war eine außergewöhnliche Liebe zu Beginn des 17. Jahrhunderts. Der Sohn eines Müllers verliebt sich in die Tochter eines Bürgermeisters, und das zu einer Zeit, in der die Stände gern unter sich blieben. Die Rede ist von Rembrandt van Rijn und seiner großen Liebe Saskia Uylenburgh. Die gemeinsame Zeit, die Geburt der Kinder sowie das Alltagsleben sind dank vieler Skizzen und Zeichnungen dokumentiert. Das Paar hatte vier Kinder, von denen drei bereits im Kleinkindalter starben, und auch der Liebe von Saskia und Rembrandt war nur wenig Zeit vergönnt, denn Saskia wurde noch nicht einmal dreißig Jahre alt.

Geblieben ist ihr Porträt, das Rembrandt begann, als Saskia noch lebte, doch das er erst nach ihrem Tod vollendete. Dieses intime Bild, das nie für die Blicke anderer, sondern nur für ihn selbst gedacht war, befindet sich seit über 200 Jahren in Kassel und ist eines der Glanzstücke der Gemäldegalerie im Schloss Wilhelmshöhe. Aus Geldnot hat er es kurz vor seinem Tod verkauft. Es ist ein aufwendiges Porträt, ein Zeugnis seiner großen Liebe, und es zeigt Saskia so, wie er sie geliebt hat. Eine selbstbewusste Frau mit einer Stupsnase und leichtem Doppelkinn. Auf dem Hut, der später als Rembrandthut in der Modewelt für Furore sorgte, eine Feder, die sich im Nichts verliert, ein Zeichen für die Ewigkeit. Saskia trägt ein prächtiges Kleid, über ihrer Schulter liegt ein Fell, sie trägt viel Schmuck. Wertvolle Dinge, die Rembrandt ihr zu Lebzeiten gar nicht hätte schenken können. Bei genauem Hinschauen sieht man außerdem einen Rosmarinzweig, den sie in den Händen hält. Für uns ist Rembrandt heute einer der bedeutendsten Maler, doch zu seiner Zeit mochte man seine Bilder nicht. Kaum vorstellbar, gilt er doch heute als einer der größten Maler des goldenen Zeitalters. Im Schloss Wilhelmshöhe sind zahlreiche Bilder von Rembrandt sowie von vielen anderen niederländischen und flämischen Meistern zu bewundern. Ein Muss für jeden Kunstliebhaber!

Gemäldegalerie im Schloss Wilhelmshöhe, Schlosspark, 34131 Kassel
www.museum-kassel.de
ÖPNV: Straßenbahn 1, Endstation Wilhelmshöhe/Park, Fußweg ca. 10 Min. (leicht bergauf)

Idyllisches Fuldatal

57 *Auszeit an der Fulda auf dem R1*

Überall ist es grün in Kassel. Die Kasseler sind folglich verwöhnt, was die Größe und Vielzahl der Naherholungsgebiete angeht. Parks, Seen und wundervolle Wälder durchziehen und umgeben die größte Stadt Nordhessens. Nicht zu vergessen, die Fulda, die sich nicht nur durch die Stadt, sondern auch weiter durch Nordhessen in Richtung Niedersachsen schlängelt, bevor sie in Hann. Münden die Werra küsst und aus den beiden die Weser entsteht. Von diesem Kuss zeugt am Zusammenfluss hoch auf dem Tanzwerder die Inschrift des Wesersteins.

Das Fuldatal ist von einzigartiger Schönheit und Faszination. Ein Muss für jeden Besucher und Einwohner, denn es hat einen ganz besonderen Charme. Das Fuldatal ist ein Paradies für Radfahrer, Skater, Spaziergänger, Paddler oder Bootsfahrer. Besonders beliebt ist der gut 255 Kilometer lange Fulda-Radweg R1, der einmal quer durch Hessen führt, um genau zu sein – von Süd nach Nord. Das Motto dieses Radwegs lautet „Alles am Fluss" und so bieten sich den Gästen hier im Fuldatal fantastische und einzigartige Natur- und Kulturerlebnisse. Von Kassel und somit aus der Großstadt kommend sind es vor allem die beschaulichen und ruhigen Flussabschnitte in unberührter Natur, die ehrfurchtsvoll und staunend innehalten lassen. Der Fulda-Radweg R1 ist in ein dichtes Netz von regionalen Radwegen eingebunden und bietet auch für Tagestouren viele Möglichkeiten. Dabei ist aber vor allem der Flussradweg besonders beliebt, denn er hat fast keine Steigungen. Eine Tour auf dem Fulda-Radweg ist folglich auch für Familien gut geeignet. Wen wundert es da, dass vor allem am Wochenende viele Menschen hier an der Fulda unterwegs sind. Und natürlich auf der Fulda: Freunde des Wassersports kommen hier voll auf ihre Kosten. Paddler, Wasserskifahrer oder selbst erstklassige Jachten sind auf der Fulda zu bewundern. Raser gibt es hier zum Glück selten, denn ganz gleich, ob auf dem Wasser oder am Ufer, keiner hat es eilig. Dafür ist es hier im Fuldatal einfach viel zu schön!

Fuldatal Radweg R1
www.fuldaradweg-r1.de
ÖPNV: Straßenbahn 7, Endstation Wolfsanger, Bus 42, 45, Haltestelle Schleuse oder Wahnhausen Mitte oder Dicker Kop

Was für ein Klang

58 *Orgel der Martinskirche in der Stadtmitte*

Kassel hat im Jahre 2017 für die Martinskirche eine neue Orgel bekommen. Das alte, deutlich kleinere Instrument ist in die Elisabethkirche umgezogen, sodass Kassel nun zwei herrliche Orgeln sein Eigen nennen darf. Gut zehn Jahre wurde geplant und diskutiert, wie die neue Orgel aussehen solle. Es folgte ein internationaler Wettbewerb, der von den Norwegern Yngve Holen und Ivar Heggheim gewonnen wurde. Ihr Entwurf hat alle überzeugt, und so war es der österreichische Orgelbauer Rieger, der die Orgel nach ihrer Idee in der Martinskirche einbauen durfte. Es folgten 30.000 Arbeitsstunden, um die 25 Tonnen schwere Orgel an ihren Platz in der Martinskirche zu bringen. Schon diese Zahlen sind beeindruckend, doch die Orgel ist es noch viel mehr. Wer die Möglichkeit hat, einen Blick in ihr Inneres zu werfen, wird von der handwerklichen Maßarbeit und der Liebe zum Detail überrascht sein, mit der die Arbeiten ausgeführt wurden. Die Orgel bildet eine Einheit mit der sie umgebenden Kirche. Was hier in Kassel zu sehen und zu hören ist, fasziniert und ist geradezu elektrisierend. Diese Orgel ist eine der ganz wenigen weltweit, die Vierteltöne spielen kann. Orgeln sind per se technische Wunder, doch das Kasseler Instrument besticht dazu durch seine künstlerischen Merkmale. Kirchenmusikdirektor Eckard Manz schwärmt von der „Windverstellung“ und sagt: „Diese Orgel kann einen leichten Wind ersterben lassen und einen Orkan auslösen.“ Wenn er sich an die Orgel setzt und spielt, wird schnell klar, was damit gemeint ist. Er spielt ganz weiche Töne, einem Windhauch gleich, und mit dem Einsetzen der düsteren Töne fegt ein gewaltiger Orkan durch die Kirche. Ebenso stecken gleichzeitig unzählige Musikinstrumente in der Orgel. Eckhard Manz spielt wieder, und der Zuhörer hat erst das Gefühl einem Flöten- und schließlich einem Klavierkonzert zu lauschen. Ja, diese Orgel ist ein Kunstwerk, ein Meisterwerk, und wer sie einmal gehört hat, wird sie nicht mehr vergessen. Wer sie noch dazu einmal spielen durfte, wird ganz bestimmt wiederkommen.

TIPP Zur Zeit des Weihnachtsmarkts gibt es täglich von 18–18.30 Uhr ein kleines kostenloses Konzert in der Martinskirche.

Martinskirche, Martinsplatz 5a, 34117 Kassel
www.ekkw.de/kassel-mitte/martinskirche.php
ÖPNV: Straßenbahn 1, 3, 4, 5, 6, 7, 8, Bus 10, 17, 32, 37, RT 1, 4, Haltestelle Am Stern

Auf den Hund gekommen

59 *Renthof Kassel*

Ein Besuch des Renthofs ist eine Reise in die Vergangenheit, denn wer in dem wundervollen Innenhof des alten Gebäudes sitzt und den Blick schweifen lässt, der erkennt schnell Stilelemente verschiedener Epochen. Da sind die gotischen Fenster der alten Brüderkirche, die Renaissance-Fenster sowie die Renaissance-Decke des Restaurants und das barocke Treppenhaus hinter der Fachwerkfassade. Gleichwohl gibt es aber auch den Anbau der 1960er-Jahre. Ein gelungener Mix, der jeden Architekturliebhaber begeistert. Der Renthof ist eines der wenigen historischen Gebäude Kassels, das öffentlich zugänglich ist und wo die verschiedenen Epochen so gekonnt und dennoch behutsam herausgearbeitet wurden. Alte frei liegende Steine erzählen ihre ganz eigene Geschichte, sie wurden glücklicherweise nicht mit Putz überdeckt. Dieser Ort ist tatsächlich zeitlos schön, ein ehrwürdiges Ensemble. Der alte Klosterinnenhof des Karmeliterordens ist auch heute noch ein Ort der Stille, gleich einem Patio, wie er in spanischen und portugiesischen Stadtvillen oft zu finden ist. Fernab von der Hektik der lauten Innenstadt, die sich in unmittelbarer Nähe befindet, wähnen sich die Besucher schnell in einer anderen Welt. Viele nutzen diese Stille, um die Mittagspause zu verbringen oder sich mit Freunden auf einen Kaffee zu verabreden. Hier kann man wirklich abschalten! Vom Innenhof geht es in das Restaurant und die Pudelbar, die auch zum Hotel der Anlage gehören. Dabei ist es vor allem die Bar, die zum gemütlichen Beisammensein einlädt. Hier werden die Feste gefeiert, wie sie fallen. Der Ort ist schön, das Angebot vielfältig. Die Kasseler und auch die vielen Hotelgäste genießen es, denn hier ist jeden Abend richtig was los. Der Name Pudelbar stammt von einem aus Bronze gegossenen Pudel, der auf der Bar thront. Dieser Pudel hat es geschafft, zu einer Wortbildmarke des Renthofs zu werden, und ist überall im Hotel zu finden. Omnipräsent, aber überhaupt nicht aufdringlich, das trifft es sicherlich gut. Und wenn man in Kassel hört: „Wir treffen uns beim Pudel!“, dann weiß jeder, welcher Ort damit gemeint ist.

Renthof Kassel, Renthof 3, 34117 Kassel, Tel. (0 56 1) 50 66 80
www.renthof-kassel.de
ÖPNV: Straßenbahn 3, 4, 6, 7, 8, Bus 10, 16, 17, 32, 37, Haltestelle Altmarkt

Kassels grüne Lunge

60 *Naturschutzgebiet Dönche*

Die Dönche ist heute ein 173 Hektar großes Naturschutzgebiet, das von Wanderwegen durchzogen ist und allerorts eine wunderschöne naturbelassene Landschaft zeigt. Neben grünen Wiesen gibt es hier auch Weiden, Felder, Bäche und Wälder. Die Dönche wird außerdem von den beiden Flüsschen Dönchebach und Krebsbach durchzogen. Kaum zu glauben, dass dieses mittlerweile größte straßenfreie innerstädtische Naturschutzgebiet Deutschlands noch bis in die 1970er-Jahre militärisch genutzt wurde. Erst 1977 wurde die ehemalige Sperrfläche freigegeben und in ein Naturschutz-, Freizeit- und Erholungsgebiet umgewandelt. Seitdem gehört diese herrliche Grünanlage vor allem den Tieren, Spaziergängern, Wanderern und Kindern. Die biologische Vielfalt der Dönche ist unglaublich, und das Gelände ist noch dazu so groß, dass die Stadtteile Brasselsberg, Nordshausen, Oberzwehren, Süsterfeld-Helleböhn und Niederzwehren angrenzen. Ein Spaziergang durch die Dönche eröffnet immer wieder neue Einblicke und führt vorbei an Wäldern, Grassteppen, Tümpeln und Weihern. Hier und da findet man Erhebungen mit herrlichen Ausblicken auf die umgebende Stadt- und Industrielandschaft. Die kleine Luisa kommt regelmäßig mit ihren Eltern, um die Tiere zu beobachten, denn egal, ob Pferde, Feldhasen, Schafe, Rehe oder Waschbären, sie sind alle auf der Dönche zu Hause. Heute hat das Mädchen Glück, denn es sitzen direkt zwei Häschen vor ihm auf der Wiese. Luisa strahlt vor Glück! Doch die Dönche ist noch mehr, denn hier wurde 1981 das zweite hessische Freilandlabor eingerichtet, das noch heute von der Universität Kassel als Lernort und seit 2001 für die Ausbildung von Lehramtsstudenten genutzt wird. Hier werden Erfahrungs- und Lehrräume für Lehramtsstudenten im Freiland geboten sowie Schülerinnen und Schülern der Bezug zwischen dem Erforschen und dem Schutz der Umwelt verdeutlicht. Auch das städtische Naturkundemuseum arbeitet im Freilandlabor regelmäßig zum Thema Amphibien. Alles in allem ist das Naturschutzgebiet ein herrlicher Ort, den zu erkunden es sich wahrlich lohnt!

Naturschutzgebiet Dönche
ÖPNV: Straßenbahn 3, Haltestelle Korbacher Straße/Universität, Bus 11, Haltestellen Heiligenbergstraße, documenta urbana oder Westfriedhof

Das bin ich!

61 *ICH-Denkmal auf dem Brüder-Grimm-Platz*

Natürlich gibt es auch in Kassel viele Denkmäler, die an Persönlichkeiten, Kriege oder gefallene Soldaten erinnern. Am Brüder-Grimm-Platz gibt es jedoch auch ein ganz besonderes Monument. Auf den ersten Blick sieht es fast etwas unfertig aus, denn außer dem Sockel ist nicht viel zu sehen. Manch einer stand schon rätselnd vor dem ICH-Denkmal und fragte sich, was es damit auf sich hat. Ob es auch zur documenta gehört? Ist das Kunst, oder kann es vielleicht sogar weg? Nein, diese Arbeit ist keine documenta-Arbeit, und sie darf auch auf gar keinen Fall entfernt werden. Es ist ein Denkmal, das für gute Laune sorgt! Wenn man sich dem Sockel nähert, dann versteht man auch sehr schnell den Sinn, denn auf dem Sockel aus rotem Sandstein steht in goldenen Buchstaben: ICH. Im Rahmen einer Ausstellung der Caricatura wurde das Denkmal 2007 von dem damaligen Stadtbaurat und dem Künstler Hans Traxler eingeweiht. Traxler hat den Sockel zugleich auch selbst bestiegen und für die Fotografen posiert. Die Ausstellung ist schon längst vorbei, doch das ICH-Denkmal ist geblieben. Zwei Werke dieser Art gibt es in Deutschland, eins in Frankfurt und eins hier im wunderschönen Kassel. Wer die drei Stufen auf der Rückseite hinaufgeht und schließlich auf dem Sockel steht, kann nach Herzenslust posieren und Freude an der Selbstinszenierung haben, denn laut Traxler ist jeder Mensch einzigartig. Wer die Menschen am Brüder-Grimm-Platz beobachtet, der kann das bestätigen, denn so individuell wie die Menschen sind, so sind auch ihre Posen und Gesichtsausdrücke. Gern wird hier aus dem „Ich" auch mal ein „Wir", wenn nämlich fünf bis sechs Personen lachend mit Kind und Kegel versuchen, auf dem Denkmal Platz zu finden. So auch Maja und ihre Mutter, die gemeinsam auf dem Sockel stehen, lachen und albern, bevor Maja das Denkmal für sich allein entdeckt und sich wie ein Profi in Pose stellt. Eine tolle Idee, die man hier in Kassel auf keinen Fall missen möchte! Also rauf auf den Sockel, Spaß haben und selbst zum Denkmal werden.

Ich-Denkmal, Brüder-Grimm-Platz, 34117 Kassel

ÖPNV: Straßenbahn 1, 3, 5, 6, 8, RT 1, 4, Haltestelle Rathaus, Straßenbahn 1, 3, 5, 6, 8, RT 1, 4, Bus 25, 500, Haltestelle Fünffensterstraße

ICH

Überall Rosenduft

62 *Roseninsel im Bergpark Wilhelmshöhe*

Eine kleine idyllische Roseninsel im unteren Teil des Bergparks. Sie ist etwas versteckt gelegen und nur über einen Weg zu erreichen, befindet sich aber erhaben am Ende des großen Sees, des Lac. Die Rosensammlung auf der Wilhelmshöhe hat eine lange Tradition. Bereits 1143 wurde hier ein Kloster gegründet, das nach einem Quarzitfelsen „Weißenstein“ genannt wurde. Die Mönche und später die Nonnen dieses Klosters bauten Heilpflanzen an, wie beispielsweise die heimische Wildrose, die Hundsrose, die Apfelrose, die Weinrose oder die Essigrose. Nach Schließung und Abriss des Klosters wurde dann Schloss Weißenstein an diese Stelle gesetzt, das jedoch ebenfalls abgerissen wurde. Aus dem anfallenden Trümmerschutt wurde die Roseninsel aufgeschüttet, auf der schließlich in langen Reihen bunte Rosen gepflanzt wurden. Nach 1866 gingen leider viele Rosen verloren, glücklicherweise jedoch nicht die „Perle von Weißenstein“, die heute älteste deutsche Zuchtrose.

Dank des Vereins der Roseninsel Park Wilhelmshöhe e. V. ist die Wilhelmshöher Rosensammlung mit über 1.000 Rosen unter Rosenliebhabern heute wieder weltberühmt. Die Ausstellung geht über die Roseninsel hinaus und erstreckt sich über weite Flächen des unteren Parks seitlich des Lacs. Der Weltrosenpräsident David Ruston erklärte die Kasseler Sammlung sogar zu der romantischsten Rosenanlage der Welt. Wer das Glück hat, die Rosensammlung auf der Wilhelmshöhe zu besuchen, wird ihm Recht geben. Dabei ist vor allem die Roseninsel selbst ein wahres Kleinod, das die verschiedensten Rosen auf wundervolle Art und Weise präsentiert. Hier ist übrigens auch ein Grabstein für den Lieblingsdackel von Kaiser Wilhelm II. zu bewundern. Zur Blütezeit erwartet die Besucher ein wahres Fest für die Sinne. Ein Feuerwerk der Farben und Gerüche in Verbindung mit dem geschäftigen Treiben vieler Insekten. Es ist einer der vielen magischen Plätze im Bergpark Wilhelmshöhe, die es zu entdecken gilt. Glücklich kann sich schätzen, wer ein sonniges Plätzchen inmitten der Rosen mit Blick auf den Lac ergattern kann.

Roseninsel im Bergpark Wilhelmshöhe, Schlosspark, 34131 Kassel
www.museum-kassel.de
ÖPNV: Straßenbahn 1, Endstation Wilhelmshöhe/Park, Fußweg ca. 5 Min. (leicht bergauf)

Sommer, Sonne – Eis!

63 *Die Eisdielen „Il Gelato“*

Angeblich isst jeder Italiener pro Jahr 16 kg Eis! Wie viel die Deutschen essen, wäre sicherlich auch spannend zu erfahren, denn Eis steht auch hierzulande hoch im Kurs! Zu Recht, denn was gibt es Besseres als ein handwerklich gut gemachtes, echt italienisches Eis? Il Gelato bietet täglich 36 verschiedene Eissorten an. Außer den Klassikern, die immer zu haben sind, wechselt das Sortiment zudem wöchentlich. Eine Eissorte, die eigentlich aus einer Laune heraus entstanden ist, weil sich die Familienmitglieder überlegt haben, wie man Hessen und Italien zusammenbringen kann, ist das Schmand-Basilikum-Eis. Heute einer der Renner, genau wie das Schokoladen-Chili- oder das Zimteis. Auf die Frage, was sein Eis von anderen unterscheidet, antwortet Marco, der älteste Sohn von Salvatore Caccuri: „Die Qualität!“ Und die Kunden schätzen diese Qualität, denn ein richtig gutes Eis mit frischen Zutaten erkennt ein Eisliebhaber sofort am Geschmack. Der gelernte Eiskonditor, oder Gelataio, wie man in Italien sagt, Salvatore Caccuri stimmt seinem Sohn mit einem Kopfnicken zu und ergänzt, dass etwas anderes auch nie in seine Eistheke käme. Eiskonditor ist in Deutschland kein Ausbildungsberuf, und so hat auch Caccuri dieses faszinierende Handwerk in seiner Heimat Kalabrien von der Pike auf gelernt.

Die vielen Stammkunden danken es ihm, und obgleich der Laden wie auch der Außenbereich klein sind, kommen die Eisliebhaber immer wieder. In langen Schlangen stehen sie geduldig an und werden von den Mitgliedern der Familie Caccuri freundlich bedient. Man kennt sich, und so werden viele Stammkunden bereits mit Namen begrüßt. Auch Sabine aus dem Schwalm-Eder-Kreis, die nach eigenem Bekunden mindestens zweimal die Woche hier vorbeifährt, um ihr geliebtes Zimteis zu essen. Lachend erzählt sie, dass sie sogar von Fritzlar komme, wenn sie Urlaub habe. Eigentlich ist es schade, immer nur eine Sorte zu essen, denn unbedingt probieren sollte man auch das „warme Eis“ mit Nutella und Waffel! Einfach köstlich.

Il Gelato, Friedrich-Ebert-Straße 63, 34119 Kassel, Tel. (0 56 1) 7 66 89 99 sowie Wolfsschlucht 3, 34117 Kassel,
ÖPNV: Straßenbahn 4, 7, 8, Haltestelle Annastraße

ORANGE
Joghurt
Schmand mit
Basilikum
Himbeer

Waldauer Fernblick

64 *Aussichtsberg in der Fuldaaue*

Waldau ist ein Stadtteil von Kassel, den viele vor allem als Wohngebiet kennen. Doch dass es hier am Rande des Viertels einen Aussichtsberg mit herrlichem Fernblick gibt, das wissen sicherlich nur ganz wenige. Es ist ein Ort, der auf den ersten Blick etwas unscheinbar wirkt, der seine ganze Schönheit erst dann zeigt, wenn man ihn erobert hat und die wenigen Schritte auf den Hügel hinaufsteigt. Am Ende der Fuldaaue, kurz vor der Brücke in Richtung Waldau, führt ein Weg zur Seglergaststätte und ein weiterer zu diesem schönen Aussichtspunkt. Gleich einem Schneckenhaus windet sich der Weg um den von Gras umwachsenen Hügel zu einem kleinen gepflasterten Platz ganz oben. In Richtung Waldau ist er von Büschen umgeben, die einen Halbkreis bilden, der Platz liegt somit sehr geschützt. Zur Fuldaaue hin ist er jedoch komplett offen, und man kann die Aussicht genießen. Es sind vornehmlich die Jugendlichen, die diese Anhöhe in den Abendstunden zu ihrem bevorzugten Treffpunkt auserkoren haben. Ein guter Treffpunkt, denn man kann hier oben grillen, feiern, ungestört Musik hören, chillen. Einfach schön, sich vor dem Pflaster auf die Wiese zu setzen und den Blick schweifen zu lassen. Es ist der unerwartete Fernblick, der den Besucher gefangen nimmt. Vor sich sieht man die idyllische Fuldaaue und in der Ferne erhebt sich geradezu majestätisch der Herkules, das Wahrzeichen der Stadt. Den Blick nach rechts gewendet, erkennt man die Silhouette der Stadt mit der Lutherkirche, deren Turm wie ein Mahnmal Richtung Himmel strebt. Die markanten Häuser der 1950er- und 1960er-Jahre sind ebenfalls deutlich zu erkennen. Auf dieser unscheinbaren Anhöhe in Waldau ist man wirklich mittendrin und doch abseits von allem Trubel. Und während wenige Hundert Meter entfernt die Fahrradfahrer und Jogger ihre Runden drehen, genießt man hier oben den herrlichen Blick! Herz, was willst du mehr?

Fuldaaue, Höhe Seglergaststätte, 34123 Kassel-Waldau
www.kassel.de
ÖPNV: Bus 12, Haltestelle Fuldaseen

Ein Muss für Jazzliebhaber

65 *Theaterstübchen in der Jordanstraße*

Klein, aber fein, so könnte man das Theaterstübchen mit wenigen Worten beschreiben, doch das würde ihm nicht gerecht werden. Das Theaterstübchen gibt es bereits seit 1996, wenn auch mit wechselnden Örtlichkeiten und Konzeptionen. Im Keller der Jordanstraße 11 ist Markus Knierim mit seinem Team seit 2000 zu Hause. Der Raum ist leicht schummrig, die schwarzen Bistrotische und Stühle mit Leopardenbezug passen wunderbar hierher. Auf den gelben Wänden haben zahlreiche Künstler ihre Autogramme hinterlassen. Vor sechs Jahren wurden Säulen und eine Wand entfernt, eine moderne und hoch professionelle Musikanlage installiert, sodass das Hörerlebnis ein Fest für die Sinne ist. Auch wenn der Anfang nicht leicht war, so ist das Theaterstübchen heute aus Kassel nicht mehr wegzudenken, es ist eine Institution! Das Programm ist abwechslungsreich und hochkarätig. Jedes Jahr werden etwa 260 Konzerte gegeben. Alles, was Rang und Namen hat, ist im Theaterstübchen aufgetreten, denn es mischt in Deutschland ganz oben mit! Bei größeren Konzerten kooperiert Inhaber Markus Knierim gern mit dem Kasseler Staatstheater. Manchmal weicht er auf das Hotel Reiss aus, das über einen fantastischen Festsaal verfügt. Unter dem Titel „Das Theaterstübchen geht fremd“ finden diese Veranstaltungen folglich in deutlich größeren Räumlichkeiten statt, da das Theaterstübchen selbst nur 150 Sitzplätze hat.

TIPP Samstags findet im Theaterstübchen eine Erwachsenendisko statt!

Der 2013 verstorbene Paul Kuhn hat hier im Theaterstübchen sein letztes Konzert gegeben. Mit seinen legendären Konzerten hat er nicht nur Tausende begeistert, sondern zudem bewiesen, dass Jazz in Deutschland zu Hause ist. Markus Knierim ist selbst großer Jazzliebhaber und fest davon überzeugt, dass Kassel auf dem besten Weg ist, zu einer anerkannten Jazzhochburg zu werden. Folglich sind das jährliche Jazz- sowie das Bluesfestival feste Bestandteile des Programms. Aber auch so manche lokale Band hatte im Theaterstübchen ihren ersten großen Auftritt. Ein tolles Programm, mehrfach ausgezeichnet und definitiv einen Besuch wert!

Theaterstübchen Kassel, Jordanstraße 11, 34117 Kassel, Tel. (0 56 1) 8 16 57 06
www.theaterstuebchen.de
ÖPNV: Straßenbahn 4, 7, 8, Haltestelle Ständeplatz

THEATERSTUBCHEN
SONOR

Dolce vita italiana

66 *Alte Wache am Bergpark Wilhelmshöhe*

Auf dem Weg zum Bergpark Wilhelmshöhe fällt die Alte Wache schon allein aus dem Grund ins Auge, dass man hier für einen Bau des Klassizismus Backstein verwandt hat. Der rote Ziegelbau entstand ab 1825 in der Regierungszeit von Kurfürst Wilhelm II. Der Hofarchitekt Johann Conrad Bromeis hielt zu dieser Zeit „den dorischen Styl der Baukunst, welcher Stärke, verbunden mit edler Einfalt und Ebenmaß erhält", für dieses Haus am besten geeignet. So entstand ein zweigeschossiges Backsteingebäude mit eingezogenem Portikus, einer Sommer- und einer Winterwachtstube sowie Arrestzellen. Es ist jedoch nicht nur dieser geschichtliche Hintergrund, der diesen Ort zu etwas Besonderem macht. Seit den 1950er-Jahren wird die Alte Wache als Café genutzt, lange unter dem Namen Schlosscafé geführt. 2016 wurde das Gebäude schließlich von Claudio und Adriana Carciola mit viel Fingerspitzengefühl und Liebe zum Detail umgebaut und in Alte Wache umbenannt. Seitdem treffen hier italienische Lebensfreude, Gastfreundschaft und Kochleidenschaft sowie eine tiefe Verbundenheit zu Nordhessen gastronomisch aufeinander. Das Ergebnis ist eine Liaison auf höchstem Niveau. Ob zum Frühstück, Mittagessen, Kaffeetrinken oder Abendessen: Hier kann man sich zu jeder Tageszeit verwöhnen lassen. Die Alte Wache ist ein herrlicher Ort zum Verweilen, abseits der Hektik der Stadt. Hier trifft man sich mit Freunden und genießt das leckere Essen in gemütlicher Atmosphäre. Wenn dann noch dazu so wie hier der Service stimmt und jeder Gast das Gefühl hat, willkommen zu sein, dann ist es doch sprichwörtlich das „dolce vita". Ein Highlight sind übrigens auch das selbst gemachte Olivenöl aus Sizilien, die Kaffee-Hausmarke sowie die handgefertigte Pasta, welche für zu Hause gekauft werden können. Egal zu welcher Jahreszeit, und egal ob im Innenbereich oder auf der herrlichen Außenterrasse, ein Besuch lohnt sich, denn die deutsch-italienischen Gerichte sind einfach köstlich!

Alte Wache, Schlosspark 6, 34131 Kassel, Tel. (0 56 1) 57 43 54 89
www.altewache-kassel.de

ÖPNV: Straßenbahn 1, Endstation Wilhelmshöhe/Park, Fußweg ca. 10 Min. (leicht bergauf)

ALTE WACHE

Ich seh den Sternenhimmel

67 *Sternwarte Rothwesten auf dem Häuschensberg*

Träume können wahr werden! Das zeigt uns die Sternwarte Rothwesten. Georg Spitzer war schon als junger Mann von Astronomie fasziniert. Als er sich endlich ein Astronomiebuch kaufen konnte, hat er die Gelegenheit genutzt, auch wenn er lange dafür sparen musste. Er war Autodidakt, hat sich sein immenses Wissen über das Weltall und die Sterne selbst angeeignet und dieses Wissen auch gern mit anderen geteilt. Es war sein großer Traum, eine Sternwarte zu bauen, und als er mit Unterstützung des damaligen Bürgermeisters von Rothwesten Fritz Kranke die Möglichkeit bekam, diese oben auf den Aussichtsturm auf dem Häuschensberg aufzusetzen, da hat er sie genutzt. Sein erstes von ihm konstruiertes Fernrohr ist noch heute in der Sternwarte zu bewundern.
Die Sternwarte wurde 1963 realisiert. Selbst die damals stationierten Amerikaner wollten helfen und mit einem Hubschrauber die Kuppel oben aufsetzen. Es wäre so leicht gewesen, doch dann kam die Kubakrise, und die Amerikaner wurden abgezogen. Aufgeben kam für Georg Spitzer jedoch nie infrage! So wurde die Kuppel wieder in zwei Teile zerlegt und schließlich mit den Traktoren wagemutiger Landwirte hoch auf den Berg gebracht, mittels eines Flaschenzugs nach oben gezogen und erneut zusammengesetzt. Wenn Angelika Spitzer-Klinger heute von ihrem Vater und auch den Ereignissen von 1963 berichtet, dann leuchten ihre Augen. Zu Recht, denn was ihr Vater hier geschaffen hat, ist ein Segen für alle, die den Blick in den Sternenhimmel lieben. Unter dem Motto „der Blick in die Sterne ist kostenlos“, hat er seine Sternwarte aufgebaut. Führungen und Sonderöffnungen sind nach wie vor kostenfrei, doch Spenden sind für den Erhalt der Sternwarte unerlässlich! Nach dem plötzlichen Tod des Vaters hat erst die Mutter die Regie übernommen, nun ist es an der Tochter, das Familienerbe zu wahren. Diese Sternwarte ist ein Schatz, und so kann man nur hoffen, dass es Angelika Spitzer-Klinger und ihrem Team auch künftig gelingt, sie weiterzuführen wie bisher.

Sternwarte Rothwesten auf dem Häuschensberg, 34233 Fuldatal, Tel. (0 56 07) 77 12
www.volkssternwarte-rothwesten.de

ÖPNV: Straßenbahn 3, 6, Endstation Ihringshäuser Straße, dann Bus 40, Haltestelle Neue Straße oder Raiffeisenbank

Ein Zoo mitten in der Stadt

68 *Privatzoo am Rammelsberg*

Dieser kleine Privatzoo in Wahlershausen auf dem Rammelsberg ist herrlich für alle Familien mit Kindern. Gut zu erreichen und ein unvergessliches Erlebnis, vor allem für die Jüngsten. Horst und Edith Schwenk haben den Zoo 1974 mit viel Herzblut aufgebaut. Er ist aus ihrem Leben und auch aus Kassel nicht mehr wegzudenken. Seit einigen Jahren führen Sohn Thomas und seine Frau Monika das Lebenswerk der Eltern weiter und auch sie stecken viel Zeit, Geld und Liebe in den Zoo. Nur über einen Feldweg kann man das Grundstück erreichen. Inmitten von anderen Kleingärten gibt es hier Ziegen, Esel, Meerschweinchen, Kaninchen und Vögel. Kinder haben hier die Möglichkeit, Haustiere hautnah zu erleben. Als besonderes Highlight können sie viele Tiere füttern und streicheln. Die vielen Stammgäste und Unterstützer des Zoos bringen gern Futter wie Salat, Möhren oder altes Brot vorbei, deponieren es in der großen Futterbox oder verfüttern es direkt an die Tiere. Neben den typischen Haustieren hat der idyllisch gelegene Zoo auch einige exotischere Tiere wie Alpakas, Papageien, Flamingos, Leguane, Waschbären, Luchse, Schlangen und Weißbüscheläffchen zu bieten.
Wo sonst haben Kinder in unserer heutigen Zeit Gelegenheit, wann immer sie wollen, Tiere aus der Nähe zu sehen, sie zu füttern und zu streicheln? Die Schwenks betreiben den Zoo nicht aus kommerziellem Interesse. Sie haben oft mitbekommen, wie wenig Kinder über Tiere wissen, und dass sie von vielen Tierarten noch nicht einmal mehr den Namen kennen. Der Zoo soll das ändern, vor allem, um den Stadtkindern die Möglichkeit zu geben, Kontakt zu verschiedenen Tieren zu haben. Der Eintritt ist frei, der Zoo finanziert sich ausschließlich über Spenden der Besucher sowie aus den Einnahmen des Getränke- und Eisverkaufs. Viele Besucher nutzen die Gelegenheit, nach dem kleinen Rundgang noch einen Kaffee in der gemütlichen Umgebung zu trinken, ein Eis zu essen und weiterhin die Tiere zu beobachten. Hier auf dem Rammelsberg findet man eine Oase mitten in der Stadt.

Zoo Rammelsberg, Roterkopfweg, 34130 Kassel, Tel. (0 56 1) 31 33 51
www.zoo-rammelsberg.de
ÖPNV: Straßenbahn 1, Haltestelle Kunoldstraße, Fußweg ca. 15 Min.

Der lange Weg zur D-Mark

69 *Währungsreformmuseum in Rothwesten*

Es glich einem Krimi, als im April 1948 elf Experten in einem Bus, aus dem man nicht nach draußen sehen konnte, von Bad Homburg nach Rothwesten in der Nähe von Kassel gebracht wurden, um hier die rechtlichen Grundlagen für eine Währungsreform zu erarbeiten. Im heutigen Haus Posen fand das „Konklave von Rothwesten“ statt. In der Abgeschiedenheit der ehemaligen Fliegerhorst-Kaserne, die von US-Truppen belegt war, hatten die Amerikaner in völliger Geheimhaltung vom 21. April bis zum 8. Juni 1948 elf deutsche Finanzexperten aus den Ländern der westlichen Besatzungszonen zusammengebracht. Unter der Leitung des amerikanischen Volkswirtschaftlers Edward A. Tenenbaum wurden die gesetzlichen Grundlagen mit allen Verordnungen und Durchführungsanweisungen für die Währungsreform erarbeitet. In sieben Wochen hinter Schloss und Riegel und von US-Militärpolizisten mit Maschinenpistolen bewacht, wurde die Grundlage geschaffen, mit der am 20. Juni 1948 die neue D-Mark zur Auszahlung kam. Fast niemand wusste, dass das neue Geld bereits Ende 1947 in den USA gedruckt und per Schiff und Bahn in gut 23.000 Kisten über Bremerhaven nach Frankfurt in die US-Zone gebracht worden war. Davon und von vielem mehr erzählt im Haus Posen eine Ausstellung, die die Entwicklung zur Währungsreform und ihre Auswirkungen bis zu den Anfängen des „deutschen Wirtschaftswunders“ aufzeigt. Ein spannendes und dennoch vielfach unbekanntes Stück deutscher Geschichte. Der Museumsverein „Währungsreform 1948“ hat zahlreiche Dokumente, Fotografien und Aufnahmen zusammengetragen, um diesen so wichtigen Teil der deutschen Geschichte dem Vergessen zu entreißen. Über siebzig Jahre sind seit dem Konklave vergangen, doch wenn man das kleine Währungsreformmuseum betritt, wird man sofort in diese Zeit zurückversetzt. Hier stehen noch der Original-Konferenztisch sowie eine Original-Kiste des damaligen Geldtransportes. Ein Besuch des Museums ist daher unbedingt zu empfehlen, um in ein Stück deutscher Geschichte einzutauchen.

TIPP

Öffnungszeiten: 1. Samstag im Monat, 13-17 Uhr, für Gruppen jederzeit nach Voranmeldung offen.

Museum Währungsreform 1948, Haus Posen, Edward-Tenenbaum Straße 1, 34233 Fuldatal
ÖPNV: Bus 40, Haltestelle Am Fliegerhorst

DM
20
DM
,inal
sportkiste
Jahr 1948,
r 20 DM-
on Amerika
eutschland
cht wurden.

Frisch vom Markt

70 *Wehlheider Wochenmarkt*

Wehlheiden ohne den wöchentlichen Markt? Undenkbar! Dieser kleine, aber feine Wochenmarkt findet seit 1984 jeden Freitag bei Wind und Wetter von 8 Uhr bis 13 Uhr auf dem Wehlheider Platz statt. Das Symbol des Marktes ist der Brummack-Brunnen mit seinem roten Topf und den zwei Säulen, an deren Spitzen je eine goldene Birne sitzt. Genau hier, „bei der Birne", treffen sich jeden Freitag um 9 Uhr die Freundinnen Uschi und Elke, um gemeinsam ihre Einkäufe zu erledigen und dann in einem nahegelegenen Café zu frühstücken. Elke wohnt in Wehlheiden, doch Uschi kommt eigens aus Melsungen, um einzukaufen. „Hier kaufe ich mein Brot, das Obst und vor allem auch meinen Honig", erzählt sie lachend. „Ich liebe die familiäre Atmosphäre und mit der Regiotram bin ich ganz schnell in Kassel." Früher haben sich die Freundinnen oft wochenlang nicht gesehen, doch seit Jahren ist der Freitag ihr Tag. Wie Uschi und Elke treffen sich hier viele, denn dieser Markt im Herzen Wehlheidens ist ein Anziehungspunkt und belebt den Stadtteil. Das Geheimnis und der Erfolg des Marktes resultieren sicherlich aus dem umfangreichen Angebot an frischen Produkten aus der Region. Kurze Wege und regionale Produkte! Was so einfach klingt, ist heute nicht mehr oft zu finden, doch hier kommt wirklich alles frisch an den Verkaufsstand. Das Angebot reicht dabei von Fleisch, Wurst, Käse, Eiern, Brot bis hin zu Gemüse. Selbstverständlich werden zudem viele Bioprodukte angeboten. Allwöchentlich bauen 24 Marktbetreiber ihre Stände auf und sorgen so für Vielfalt, Abwechslung und ein buntes Treiben. Die vielen treuen Stammkunden wie Uschi und Elke wissen das zu schätzen! Und während die Menschen durch den nahegelegenen Supermarkt stürzen und nicht schnell genug an die nächste Kasse kommen, bummeln die Freundinnen gemütlich von einem Stand zum anderen und nehmen das breite Sortiment in Augenschein.

Wehlheider Wochenmarkt, Wehlheider Platz, 34121 Kassel

ÖPNV: Straßenbahn 1, 3, 7, Bus 11, 12, 25, Haltestelle Kirchweg

Alles rund um
Nud

Weihnachten in Kassel

71 *Märchenweihnachtsmarkt in der Kasseler Innenstadt*

Es weihnachtet, wenn der Kasseler Märchenweihnachtsmarkt am Montag nach Totensonntag seine Pforten öffnet. Bei vielen stellt sich dann ein Weihnachtsgefühl ein, während der Duft von gebrannten Mandeln, Anisbonbons und Glühwein in der Luft liegt und die wundervoll geschmückten Tannen Erinnerungen und Vorfreude wecken. Dazu erstrahlt die Kasseler Innenstadt in weihnachtlichem Glanz. Auf dem Königs-, Friedrichs- und Opernplatz stehen einheitliche Holzhütten, liebevoll dekoriert, und laden zum Flanieren, Entdecken und Bestaunen ein. Jedes Jahr steht ein anderes Märchen Pate für den Märchenweihnachtsmarkt und zieht sich wie ein roter Faden von Stand zu Stand. Zudem gibt es allerlei Märchenfiguren, den Märchen- und Zauberwald, die weltgrößte Märchenpyramide sowie den Adventskalender, der mit Szenen aus den Märchen der Brüder Grimm aufwendig gestaltet ist. Auf der Adventskalender-Märchenbühne wird montags bis donnerstags um 17 Uhr auf dem Friedrichsplatz ein Türchen geöffnet. Dabei wird ein weihnachtliches Musik- und Unterhaltungsprogramm geboten, das die Augen der Kinder zum Leuchten bringt. Denn die weihnachtliche Kleinigkeit, die dann zum Vorschein kommt, gibt es auch zu gewinnen. Ein weiteres Highlight ist die Himmelswerkstatt, in der die Kinder nach Herzenslust basteln und malen können. Das nutzen auch Marie und Jonas, um für ihre Eltern hübsche Sterne aus Stroh zu basteln. Es ist die einzigartige Kulisse des Weihnachtsmarktes, die Groß und Klein in seinen Bann zieht. An zahlreichen Ständen können die Besucher sowohl verschiedene Waren erwerben als auch Handwerkern beim Drechseln und Töpfern zuschauen. Für das leibliche Wohl sorgt eine breite Auswahl an Spezialitäten, die von Rentiergeschnetzeltem über russischen Borschtsch bis hin zu schwäbischen Dinnede und Kartoffelpuffern reichen. Ein Besuch des Märchenweihnachtsmarktes ist immer wieder ein Erlebnis, und so kann es auch durchaus passieren, dass die ein oder andere Märchenfigur vorbeischlendert.

TIPP Öffnungszeiten: nach Totensonntag bis 30.12., tägl. 11-20 Uhr, Gastronomiestände bis 22 Uhr, 24.-26.12. geschlossen

Märchenweihnachtsmarkt auf dem Königs-, Friedrichs- und Opernplatz, 34119 Kassel
www.weihnachtsmarkt-kassel.de

ÖPNV: Straßenbahn 1, 3, 4, 5, 6, 8, RT 1, 4, Haltestelle Rathaus, Friedrichsplatz oder Königsplatz, Straßenbahn 7, Bus 500, RT 1, 4, Haltestelle Wilhelmsstraße/Stadtmuseum

Am besten im Storchengang

72 *Kneippanlage Prinzenquelle in Kirchditmold*

Die Prinzenquelle in Kirchditmold ist nicht nur bei Hundebesitzern in Kassel beliebt und geschätzt, weil es im Waldstück rund um die eigentliche Prinzenquelle eine der wenigen Auslaufflächen für Hunde in Kassel gibt. Die Zwei- und Vierbeiner schätzen gleichermaßen die herrlichen Wege am Rande des Bergparks. Folglich ist hier immer etwas los. Doch damit nicht genug: Seit 1971 lässt sich hier eine schön gelegene Kneippanlage finden, die 2019 aufwendig saniert wurde. Viele Kasseler haben sich engagiert, um sowohl die Tretanlage als auch das Armbadebecken aus zwei hellen Eichenstämmen neu fertigen zu lassen. Das Ergebnis kann sich sehen lassen! Und was kann es Schöneres geben, als nach einem Spaziergang die müden Beine und Arme zu erfrischen? Simone und ihre Tochter Leni, die im Viertel wohnen, gehören zu den vielen Nutzern, die mehrmals die Woche die Anlage aufsuchen. Sie schätzen unter anderem die Lage mit Blick auf den Bergpark und die Löwenburg. Hier kann man abschalten und nach einem stressigen Arbeitstag die Seele baumeln lassen. Idyllisch und ruhig gelegen ist sie ein wahrlich wundervoller Ort am Rande des Waldes, um etwas für Körper und Geist zu tun. Zugegeben, es sieht bisweilen lustig aus, wenn die Kneippenden im Storchengang durch das Wasserbecken laufen und dabei immer wieder ein Bein zur Hüfte aus dem Wasser ziehen. Doch egal, wie es aussieht, Wassertreten ist erfrischend und entspannend und außerdem eine gute Einschlafhilfe. Es gibt kaum ein besseres Mittel, um das Immunsystem, den Kreislauf und die Venen zu stärken. Sebastian Kneipp sagte bereits: „Ein regelmäßiger Kreislauf kann durch keine Medikamente bewirkt werden. Ein solches Meisterstück kann nur das Wasser liefern.“ Kneipps Lehre steht für eine gesunde Lebensweise mit den fünf Elementen Wasser, Heilpflanzen, innere Balance, Ernährung und Bewegung an der frischen Luft und ist folglich aktueller denn je. Also, nach dem nächsten Spaziergang unbedingt ausprobieren!

TIPP Im Winter gesperrt, weitere Anlagen: Löwenburg, Mulang, bei den Kurkliniken, Parkplatz Mühlbachtal.

Kneippanlage Prinzenquelle, 34130 Kassel

ÖPNV: Straßenbahn 8, Haltestelle Prinzenquelle

[missing you tonight]

Ein Bad ohne Wasser

73 *Marmorbad in der Karlsaue*

Es grenzt nahezu an ein Wunder, dass das Marmorbad am nördlichen Ende der Karlsaue noch heute in seiner ganzen Pracht und Herrlichkeit zu bewundern ist. Denn während Kassel am Abend des 22. Oktober 1943 in Schutt und Asche gelegt wurde, ist das Marmorbad als nahezu einziges Gebäude im Umfeld der Kasseler Innenstadt erhalten geblieben. Der Name Marmorbad lässt schon Großes erahnen, doch von außen wirkt dieser kleine Pavillon in unmittelbarer Nähe der Orangerie genau wie sein Pendant auf der anderen Seite fast unscheinbar. Und dennoch beherbergt er Deutschlands letzte bedeutende repräsentative Badeanlage aus der Zeit des Spätbarocks. Die Orangerie und auch die beiden seitlichen Pavillons wurden in der Regierungszeit von Landgraf Karl von Hessen-Kassel errichtet. Auf seiner Italienreise hatte der Landgraf den Franzosen Pierre Etienne Monnot kennengelernt, der in den Folgejahren die prachtvolle Innenarchitektur mit marmornen Skulpturen und Wandreliefs fertigte. Die aufwendigen und dabei hervorragend gearbeiteten Reliefs und Statuen zeigen Darstellungen aus den Metamorphosen des Ovid, wobei der Besucher in diesem Bad vor allem Badeszenen und Geschichten am Wasser vorfindet. Es ist ein unerwartetes Vergnügen an diesen Bildern und Skulpturen entlangzugehen, um die filigrane Arbeit zu bewundern. Jede Skulptur, jedes Wandrelief erzählt eine eigene Geschichte. Die Arbeiten sind mit einer unglaublichen Detailtreue ausgeführt, dass es kaum verwundern würde, wenn sie sich bewegten. Ein herrliches Schaubad, doch zum Baden wurde es nie genutzt. Die Wasserleitungen wurden nie gelegt, in diesem Bad ist nie auch nur ein Tropfen Wasser geflossen. Auch kein Rotwein, obgleich in Kassel gern erzählt wird, dass Jérôme Bonaparte, der jüngste Bruder von Napoleon, im Marmorbad in Rotwein gebadet habe. Eine nette Geschichte, doch sicherlich nicht wahr, denn dann würde sich noch heute im Marmor der ein oder andere Rotweinfleck finden. Zum Baden ist das Marmorbad also nie genutzt worden, wohl aber für rauschende Feste, bei denen man die Gäste stolz durch dieses wahrhaft herrliche Bad führte.

Marmorbad, An der Karlsaue 20, 34121 Kassel
www.museum-kassel.de
ÖPNV: Bus 16, Haltestelle Orangerie

Schaurig schön

74 *Tag der Toten im Museum für Sepulkralkultur*

Das mexikanische Totenfest, Día de los Muertos, ist ein farbenprächtiges Volksfest zu Ehren der Toten und einer der wichtigsten Feiertage in Mexiko. Die Mexikaner glauben, dass die Seelen der Verstorbenen an diesen Tagen zu ihren Familien zurückkehren, um sie zu besuchen. Die Straßen werden mit Blumen geschmückt, Symbole des Todes und der Vergänglichkeit, Skelette und Schädel werden aufgestellt und aufgehängt. Außerdem fertigen Konditoreien Totenschädel aus Zucker, Schokolade und Marzipan, die die Namen der Toten auf der Stirnseite tragen. Die Vorbereitungen für das Fest beginnen bereits Mitte Oktober, doch gefeiert wird am 1. und 2. November. In Kooperation mit der mexikanischen Gemeinde vor Ort wird auch im Museum für Sepulkralkultur in Kassel dieses fröhliche Fest gefeiert. Auch hier werden von den Angehörigen Ofrendas, traditionelle Totenaltäre oder Gabentische, aufgestellt und mit Speisen, Getränken, Blumen und persönlichen Erinnerungsgegenständen dekoriert. Die Toten haben so die Möglichkeit, sich nach ihrer Reise aus dem Totenreich zu stärken und etwas mitzunehmen. Gleichzeitig erinnern Fotos der Verstorbenen, Kerzen und Weihrauch an gemeinsame Zeiten. Wie auf den Straßen Mexikos herrscht auch hier im Museum buntes Treiben. Das ganze Haus wird mit Blumen, Kerzen und bunten Todessymbolen verschönert. Die Karten für dieses wundervolle Fest sind sehr begehrt und somit schnell vergriffen. An diesem Abend im Museum wird getanzt und gegessen, doch vor allem auch der Toten gedacht, wenn die Gäste von einem der liebevoll verzierten Altäre zum nächsten gehen. Die orangefarbene „Blume der Toten" wird zusammen mit Ringelblumen und gelben Chrysanthemen als Empfangsteppich und Wegweiser für die Verstorbenen vom Haus bis zum Friedhof ausgelegt, damit diese sicher zum Familienfest finden. Man glaubt, dass Verstorbene die Farben Orange und Gelb am besten erkennen können. Das Brauchtum zum Tag der Toten wurde 2003 von der UNESCO zum immateriellen Erbe der Menschheit erklärt. Um Mitternacht ist für die Verstorbenen die Zeit gekommen, wieder ins Jenseits zurückzukehren.

Arbeitsgemeinschaft Friedhof und Denkmal e. V., Zentralinstitut und Museum für Sepulkralkultur, Weinbergstraße 25–27, 34117 Kassel, Tel. (0 56 1) 91 89 30
www.sepulkralmuseum.de

ÖPNV: Straßenbahn 1, 3, 4, 5, 6, 8, RT 1, 4, Haltestelle Rathaus oder Fünffensterstraße, Fußweg ca. 5 Min.

Ein Ort für die Ewigkeit

75 *Künstler-Nekropole Kassel im Habichtswald*

Ein schöner Spaziergang führt vom Parkplatz Bergfreiheit zur Künstler-Nekropole im Habichtswald. Auf Initiative von Harry Kramer wird eine neue Form der Kunst im öffentlichen Raum gezeigt. Die Künstler, die hier ihr eigenes Grabmal errichten, sollen nach ihrem Tod auch dort bestattet werden. Von insgesamt vierzig geplanten Grabmälern wurden bisher neun realisiert. Es sind magische Orte, die man in diesem Wald nicht vermutet, denn die Grabmäler werden sich selbst überlassen und somit zu einem Teil dieses Waldes. Für die Künstlerin Rune Mields ist das Leben ein Fluss, und sie macht mithilfe ihres Grabmals Mathematik sichtbar. Von der Arbeit Timm Ulrichs' sind nur zwei Fußabdrücke zu sehen: ein Abguss seines Körpers aus Bronze ist im Waldboden versenkt. Diese Hohlfigur soll nach seinem Tod seine Asche aufnehmen. Der bereits verstorbene Fritz Schwegler ist mit einem Sarkophag am blauen See vertreten, in den seine Asche, seine Notizbücher und Kunstgegenstände gelegt wurden. Das Grabmal von Werner Ruhnau gleicht einem Freilichttheater und darf gern so genutzt werden. Es ist ein friedlicher Ort, eine Lichtung mitten im Wald. Fernab von Hektik und Geräuschen des Alltags.
Das Element Wasser ist wesentlich für die Arbeit von Heinrich Brummack. Vögel sollen aus der Granitschale, die auf zwei Sarkophagen ruht, trinken. Blalla W. Hallmann malte mit dem Bild „Abendtreffen an der Lichtung", das an einem Baum befestigt wurde, eine Hommage an Harry Kramer und die Nekropole. Für Karl Oskar Blase war „das Auge das Herz der Kunst", so hat er als Grabmal ein nach außen und innen gerichtetes Auge auf einem Sockel gewählt. Ugo Dossi wiederum ließ auf einer Lichtung große Stahlplatten mit Lichtbildern aufstellen, die Gesichter des Todes und Formen der Seele zeigen. Auch Gunter Demnig hat sich ein Grabmal in Form eines großen Zylinders auf einem Sandsteinsockel gesetzt. Die Nekropole ist eine faszinierende Idee, die dazu einlädt, über das eigene Dasein nachzudenken, innezuhalten und abzuschalten. Ein nicht alltäglicher Spaziergang kombiniert mit einem Besuch außergewöhnlicher Kunst.

Künstler-Nekropole Kassel, Habichtswald, 34128 Kassel
ÖPNV: Bus 10, Haltestelle Sonnenhang, Bus 94, Haltestelle Eschebergstraße, Fußweg von beiden Haltestellen ca. 500 Meter bis zum Parkplatz Bergfreiheit

Kleine Artisten ganz groß

76 *Rambazotti – Kinder- und Jugendcircus*

Den Kinder- und Jugendcircus Rambazotti gibt es seit 1989 in Kassel. Seit 1992 hat Rambazotti sogar ein eigenes Zirkushaus. Dieses war kaum eröffnet, da baten die Ältesten der Auftrittsgruppen bereits, ein eigenes Programm produzieren zu dürfen. Sie hatten die Idee, das Beste aus der Artistik mit Theater, Tanz und je nach Teilnehmern auch mit anderen Sparten zu kombinieren. So entstand das Jugendvarieté, das heute ein hohes artistisches und spielerisches Niveau präsentiert. Es ist die Königsklasse dieses Zirkus, und so mancher kleine Artist trainiert bis zu zehn Jahre, um einmal teilnehmen zu dürfen. Sprache, Rhythmus und Bühnenpräsenz sind hier ebenso essenziell wie die spektakuläre Artistik. Das Programm wird mit den Darstellern gemeinsam entwickelt, wobei professionelle Tanzlehrer, Artisten und Jongleure die Jugendlichen begleiten und trainieren. Iris Riedmüller entwickelt das Storyboard und führt die Regie. Sie ist präsent, spricht den Kindern Mut zu, lobt und greift korrigierend ein. Rambazotti ist eine Kaderschmiede für Nachwuchsartisten, denn viele der ehemaligen Jugendvarietéartisten sind heute als Profis auf internationalen Bühnen zu sehen. Rambazotti bringt den Zirkus aber auch zu Flüchtlingsunterkünften, kooperiert mit Schulen für Kinder mit Beeinträchtigungen. Lina und Mia üben gerade eine Tuchnummer und strahlen, nachdem die Probe gut geklappt hat. Es sind die glücklichen Gesichter dieser Kinder, die Rambazotti zu etwas ganz Besonderem machen. Hier können sie eigene Grenzen überwinden und stolz auf das Erreichte sein. Während sich Luftartistinnen aus schwindelnder Höhe am Tuch hinabstürzen, springen Einradfahrerinnen Springseil und Jongleure verfolgen sich auf Kunsträdern. Im Rampenlicht verschwinden für kurze Zeit die eigenen Sorgen, denn was hier zählt, ist der Augenblick. Zwei Ensembles spielen das ganze Jahr in der Manege des Zirkushauses und erarbeiten gemeinsam die Programme. Was Kinder hier auf die Beine stellen, ist fantastisch und definitiv einen Besuch wert!

Rambazotti, Internationaler Kinder- und Jugendcircus e. V., Ludwig-Erhard-Str. 21, 34131 Kassel, Tel. (0 56 1) 4 44 40
www.rambazotti.de
ÖPNV: Straßenbahn 3, 7, Haltestelle Marbachshöhe

Kassel-Bier statt Pferdefleisch

77 *Braumanufaktur Steckenpferd am Pferdemarkt*

Es tut sich was am Pferdemarkt, denn Erik Schäfer und Johannes Alt haben sich einen Traum erfüllt und ihre „Braumanufaktur Steckenpferd" eröffnet. Was in der Küche der WG als Hobby, als Steckenpferd, begann, wurde schnell zum ernsthaften Zeitvertreib und die vorhandenen Braumöglichkeiten viel zu klein. Eine professionelle Brauanlage und deutlich mehr Platz waren vonnöten. In der Nachbarschaft stand eine ehemalige Pferdemetzgerei leer, und so kontaktierten sie den Vermieter, um in den Hinterräumen ihr eigenes Bier zu brauen. Da sie sich schnell einig wurden, kratzten sie ihre Ersparnisse zusammen und mieteten die Räume, die geradezu ideal für ihr Vorhaben waren, zumal nicht nur Kühlräume, sondern auch ein Arbeits- und Ladenbereich vorhanden waren. Die alte Metzgerei wurde umgebaut, das kleine Ladengeschäft zum gemütlichen Gastronomiebereich für zirka 25 Personen umgestaltet. Der Koch ist Libanese, daher finden sich auf der Karte köstliche libanesische Gerichte zu wirklich moderaten Preisen. Wenn Erik und Johannes von ihrem Bier reden, dann kommen sie ins Schwärmen, die Leidenschaft für das Brauhandwerk spricht aus jedem ihrer Worte. Erik erklärt, dass allein 120 verschiedene Hopfensorten als Basiszutat für Bier nutzbar sein können und es noch dazu ganz spezielle Gär- und Brautechniken gäbe. Folglich könne man mit Bier viel komplexere Geschmacksnoten erzeugen als mit Wein. Kaum zu glauben, dass sich beide ihr Wissen selbst angeeignet haben. Da mittlerweile auch die Brauanlage in den eigenen Räumen zu klein ist, wurde eine Kooperation mit diversen regionalen Brauereien geschlossen. Es läuft also für Erik und Johannes und „Läuft" ist auch der Name einer der zwei erfolgreichen Biermarken, das andere trägt den Namen „Kellerkind". Die beiden experimentieren gern und noch dazu erfolgreich, und so gibt es mittlerweile auch einen Bierlikör sowie ein Glühbier, was in der kalten Jahreszeit auch auf den Weihnachtsmärkten der Region zu erwerben ist! Einfach lecker und unbedingt zu probieren!

Braumanufaktur Steckenpferd, Kastenalsgasse 8, 34117 Kassel, Tel. (0 56 1) 92 01 14 70
www.braumanufaktur-steckenpferd.de

ÖPNV: Bus 52, Haltestelle Mönchebergstraße/Universität, Straßenbahn 3, 6, 7, Haltestelle Katzensprung/Universität

NASCHIGSTES BIER TRIFFT AUF
SCHMAKOFATZO TEQUILA
KLAAS RED
0.8mg Nikotin
FREDDIES
0.7mg Nikotin
CLUB
yummy
STECKENPFERD
BIERLIKÖR
25
euro
läuft.
KIND
läuft.
CRISPR
whisper
STECKENPFERD
BIER AUS KASSEL
BRAUMANUFAKTUR
KASSELER

Nicht nur für Frauen

78 *Archiv der deutschen Frauenbewegung*

Viele Rechte, die Frauen heute als selbstverständlich hinnehmen, sind auf einen harten Kampf der deutschen Frauenbewegungen zurückzuführen. Die Anfänge gehen auf das 19. Jahrhundert zurück, wurden jedoch lange Zeit nicht in dem Maße gewürdigt, wie sie es verdient hätten. Und so wurde vielen erst in den 1980er-Jahren bewusst, dass Geschichte und Ursprünge der Frauenbewegung drohten, in Vergessenheit zu geraten, da die Quellen und Dokumente der Bewegung nur unzureichend bewahrt wurden. Zu dieser Zeit gab es bereits einige Archive größerer Frauenverbände, doch ein Archiv, das alles zum Thema Frauenbewegung sowie zu ihren Protagonistinnen sammelte, das gab es noch nicht. Im Februar 1983 fiel der Startschuss für die Entstehung des Archivs der deutschen Frauenbewegung (AddF), das schließlich im Jahr darauf – natürlich am Internationalen Frauentag am 8. März 1984 – seine Tore öffnete. Heute als Stiftung organisiert, ist das AddF die größte und einzige Einrichtung zur Geschichte der Frauenbewegung in Deutschland. Da die Sammlungsbestände kontinuierlich wachsen, mussten weitere Räume angemietet werden. Es ist dem AddF ein zentrales Anliegen, die Geschichte der deutschen Frauenbewegungen in all ihren Facetten und Ausprägungen zu erforschen und bekannter zu machen. Daher führt die Organisation eigene Forschungsprojekte durch, und es finden vielfältige Veranstaltungen statt. Wer sich für die fesselnde Geschichte der Frauenbewegung interessiert, der kann hier Personennachlässe einsehen, wie den von Kasselerin Elisabeth Selbert, der wir die Formulierung „Männer und Frauen sind gleich" im Grundgesetz verdanken. Es werden zudem Aktenbestände von Vereinen, Gruppen und Institutionen gesammelt, es gibt aber auch thematische Sammlungen zur Frauengeschichte sowie ein umfassendes Fotoarchiv. Mit seiner Bibliothek verfügt das AddF über den umfassendsten Bestand zur Geschichte von Frauen und Frauenbewegungen in Deutschland. Ein spannendes Archiv und nicht nur für Frauen ein absolutes Muss!

TIPP

Das AddF veröffentlicht die Zeitschrift „Ariadne". Jedes Heft ist einem Themenschwerpunkt der Geschlechtergeschichte gewidmet.

Stiftung Archiv der deutschen Frauenbewegung, Gottschalkstraße 57, 34127 Kassel, Tel. (0 56 1) 9 89 36 70
www.addf-kassel.de

ÖPNV: Straßenbahn 1, 5, RT 1, 4, Bus 100, Haltestelle Halitplatz

SCHMI - SPE
Schu
cho

Wir treffen uns im FES

79 *FES in der Karthäuserstraße*

Benannt nach der nordafrikanischen Stadt Fès in Marokko, ist das FES in der Karthäuser Straße seit Jahrzehnten eine der In-Kneipen Kassels. Auch wenn die wenigsten den Ursprung des Namens kennen, so kann man es erahnen, wenn man die Räume betritt! Die blaue Decke gleicht einem afrikanischen Himmel, die Farben der Wänden und des Podests erinnern an eine Wüste. Braune Ledersessel laden zum Verweilen ein. Das FES ist eine Institution in Kassel, eine kleine Cocktailbar und Kneipe, die sich im Laufe der Zeit kaum verändert hat. „Stimmt", sagt Frank, einer der Inhaber, und ergänzt lachend: „Wir renovieren nicht, wir restaurieren." Vielleicht ist gerade das das Geheimnis des Erfolgs, denn auch wenn man nach langer Abwesenheit das FES betrifft, so fühlt man sich gleich in alte Zeiten versetzt. Seit das FES Anfang der 1980er-Jahre in Kassel eröffnet hat, ist es aus der Szene nicht mehr wegzudenken. Es hat keine der Modeerscheinungen mitgemacht, sondern ist sich stets treu geblieben. Zugegeben, hier und da ein neues Gesicht hinter der Theke, doch hier im FES trifft und kennt man sich! Viele Gäste kommen seit Jahren und oft nun auch ihre Kinder.
Das FES ist keine hippe Kneipe, mit Livemusik und Events. Hier trifft man sich auf ein Gläschen oder eine Partie Billard im Hinterzimmer. Wunderbar familiär! Aber ein jährliches Event gibt es doch im FES– wenn auch eines, das eher von den Besuchern als vom FES selbst veranstaltet wird. Am Abend des 23. Dezember, wenn alle, die Kassel vor Jahren verlassen haben, die Weihnachtsfeiertage mit ihrer Familie in Kassel verbringen und somit „heimkehren", dann trifft man sich im FES. Spontan und ohne Zutun der Betreiber, aber jedes Jahr aufs Neue! Und so füllt sich am späten Nachmittag nicht nur das FES, sondern auch die davorliegende Straße und der Platz vor der alten Hauptpost! Das Team vom FES hat schon vor Jahren reagiert und Getränkewagen vor der Tür aufstellen lassen, um die vielen Menschen zu versorgen, die sich hier treffen, in Erinnerungen schwelgen und sich einfach über das alljährliche Wiedersehen freuen!

FES Musik-Bar, Karthäuserstr. 17, 34117 Kassel, Tel. (0 56 1) 77 34 11
www.fes-kassel.com
ÖPNV: Straßenbahn 4, 7, 8, Haltestelle Karthäuserstraße

Lasst uns spielen

80 *Spieleburg Kassel in der Wilhelmsstraße*

In einer Zeit, in der die elektronischen Medien die Freizeit vieler Menschen dominieren, ist die Spieleburg wohltuend anders. Die Ladenbesitzer Nico und Florian spielen von Herzen gern Brettspiele und so war es geradezu folgerichtig, dass sie nach ihrer Ausbildung ihr Hobby zum Beruf gemacht und ihren kleinen Laden in der Kasseler Innenstadt eröffnet haben. Das Sortiment umfasst gut 1.500 Brettspiele für jede Altersklasse. Da die persönliche Beratung und die Kenntnis der Brettspiele für sie eine Grundvoraussetzung sind, haben sie die angebotenen Spiele auch tatsächlich schon selbst ausprobiert. Die Kunden wissen das und fragen gezielt nach Strategien, Spielmechanik und Spielzeit, bevor sie sich für ein Spiel entscheiden. Einige Kinder, aber auch Erwachsene setzen sich und spielen direkt vor Ort. Kein Problem, denn viele Spiele sind zur Ansicht geöffnet, hier kauft man nicht die Katze im Sack!

Mittwochs ab 19 Uhr ist zudem Spieleabend. Freunde des Brettspiels können dann die jüngsten Neuerscheinungen ausprobieren. Es sind viele Stammkunden, die die Gelegenheit nutzen Gleichgesinnte zu treffen und Neues auszuprobieren. „Wir haben immer die neuesten Spiele“, erzählt Nico. An diesem Abend betritt ein Mann die Spieleburg und steuert zielstrebig auf die Ecke mit den Novitäten zu. Er legt ein Spiel nach dem anderen auf den daneben stehenden Tisch und fragt schließlich nach einem großen Karton, um alle Spiele mitzunehmen. An der Kasse erzählt er Nico, er habe am Nachmittag eigentlich auf die Spielemesse in Essen fahren wollen, doch da er hier alle Neuheiten gefunden habe, könne er sich diesen Weg nun sparen. Carlotta sitzt mit Fietje an einem Tisch, um „Zug um Zug“ zu spielen. Spontan laden Sie den bis dahin Unbekannten ein, sich ihnen anzuschließen. Erst etwas irritiert ob der unerwarteten Einladung antwortet der Mann schließlich: „Gern, ich habe jetzt ja Zeit.“ Mit den Worten „Ich heiße Andreas“, setzt er sich und ist schon kurz darauf mit den beiden in das Spiel vertieft. In der Spieleburg findet man nicht nur die allerneuesten Spiele, man kommt hier wunderbar ins Gespräch. Nicht nur für Spielebegeisterte einen Besuch wert!

Spieleburg GmbH, Wilhelmsstraße 5, 34117 Kassel, Tel. (0 56 1) 76 60 86 62
www.spieleburg-kassel.gmbh
ÖPNV: Straßenbahn 7, Bus 500, RT 1, 4, Haltestelle Wilhelmsstraße/Stadtmuseum, Straßenbahn 1, 3, 4, 5, 6, 8, RT 1, 4, Haltestelle Rathaus

Bibliografische Informationen der Deutschen Nationalbibliothek
Die Deutsche Nationalbibliothek verzeichnet diese Publikation in der Deutschen Nationalbibliografie; detaillierte bibliografische Daten sind im Internet über http://dnb.d-nb.de abrufbar.

2. Auflage 2021
Konzeption/Satz: Droste Verlag, Düsseldorf
Einbandgestaltung und Illustrationen: Britta Rungwerth, Düsseldorf, unter Verwendung von Bildern von © Fotolia.com: jd – photodesign.de; © iStock: Plociennik Robert
Fotos: Marc-A. Möller und Claudia Panetta-Möller, außer:
S. 9: Dieter Schachtschneider; S. 31: Zissel in Kassel e. V.; S. 33: büro für eventmarketing; S. 45: Necla Özdogan; S. 49: Michael Manshake; S. 53: Landfleischerei Henry Koch; S. 57: Fährmann; S. 75: Nick Mitmanski; S. 83: Harry Soremski; S. 97: Andreas Beutner; S. 107: Ayurveda Klinik; S. 119: © Museumslandschaft Hessen Kassel, Gemäldegalerie Alte Meister, Foto: Ute Brunzel; S. 137: Kurt Heldmann; S. 141: Ralf Gerstheimer; S. 147: Klaus Schaake; S. 149: Kassel Marketing GmbH

FSC
www.fsc.org
MIX
Papier aus verantwortungsvollen Quellen
FSC® C011279

Druck und Bindung: LUC GmbH, Greven
ISBN 978-3-7700-2186-4

www.droste-verlag.de